平凡社新書
939

宗教は現代人を救えるか

仏教の視点、キリスト教の思考

佐々木閑
SASAKI SHIZUKA
小原克博
KOHARA KATSUHIRO

JN107708

HEIBONSHA

宗教は現代人を救えるか●目次

編集協力──今井章博

序章　苦しみの消し方

――仏教か、キリスト教か、それとも

佐々木閑

世に広く「世界の三大宗教」という言い方が使われている。キリスト教、イスラム教、仏教の三種の宗教をまとめて語る時の言い方であるが、誤解を招くだけの愚かな表現である。「三大」というのが、規模の大きさを表すのなら、仏教よりヒンドゥー教の方がはるかに信者数は多いのであるから、「三大」はキリスト教、イスラム教、ヒンドゥー教でなければならないし、「特徴的な教義を唱える三種類の宗教」という意味だというなら、キリスト教とイスラム教は同じ唯一神を信仰する兄弟宗教であるのに対して仏教だけが全く異なる教義を唱えるのであるから、キリスト教とイスラム教でひとくくり、それに対して仏教がある、ということで「二大宗教」と言わねばならない。「世界の三大宗教」などというのは、「世界の三大料理」とか「世界の三大美女」などと同様、世間話のレベルで語られる俗説にすぎない。

現実の世界を見れば、宗教世界は稠密《ちゅうみつ》なモザイク画のように複雑に入り組み、しかもそれぞれが敵対したり融和したり、様々な関係性で繋がり合って社会を駆動している。たとえばイスラム教ひとつとってみても、シーア派とスンナ派は激しく対立しており、そのそれぞれの派の内部においても、寛容性の度合い、世俗化の進度によって異なる宗教観が形成されている。もちろんキリスト教や仏教についても同様であって、ひとくくりにして扱えるような単純なものではない。それを「世界の三大宗教」などという呑気な言葉で理解した気になっていると、実際に国際社会と対面した時、その無知のせいで大きな過失を犯すことにもなる。

第二次世界大戦後の日本は、政教分離の立場を強く打ち出すことによって、宗教が政治に口出しをする、あるいは政治が宗教を利用する、という過去の悪習をある程度は防止してきた。しかしその副作用として、宗教を知らない人、宗教について考えたことのない人を大勢生み出すことになった。そのこと自体が悪いわけではない。宗教性のない国家というものがあっても別に問題はない。宗教が旗を振って悪質な全体主義に突進する、という事態が起こりにくいという点ではむしろ歓迎すべき形態であろう。問題は別のところにある。

宗教を知らない人、宗教について考えたことのない人は、当然ながら宗教というものの本質を理解する力がない。「宗教というのは、神様を拝んで幸せを願うことだ」といった表層的なイメージでぼんやりしていると、そこを宗教につけ込まれる。実は宗教というのは、「神様を拝んで幸せを願う」などという生ぬるいお人好しのママゴトではない。宗教とは、「これこそが、あなたやあなたの家族に本当の幸福をもたらす、この世で唯一最良の生き方なのです」と言って語りかけてくる、幸せのアドバイザーである。時にそれは、宗教とは全く無縁の、もっとスマートでモダンな顔で近寄ってくることもある。

私が稀代の名著だと考えている、ユヴァル・ノア・ハラリの『サピエンス全史』には、的確な宗教の定義と、その定義に基づく具体的な宗教の名称が示されている。次のとおり。

宗教の定義：超人間的な秩序の信奉に基づく、人間の規範と価値観の制度

すなわち、人間が考えたのではない（と想定されている）特定の秩序を人々が信奉し、その秩序に従って、独自の規範と価値観で生きることを要求する制度、それが宗教だというのである。これに従えば、もちろんユダヤ教もキリスト教もイスラム教も間違いなく宗教である。「神が定めた秩序を守って生きよ。それが幸福への唯一の道だ」と説くからである。仏教の場合は、絶対神のような人格的超越者は認めないが、その代わり、「法（ダルマ）」と呼ばれる普遍的法則性の存在を信じ、その法則に沿って自己改革を行うことで苦しみが消える、と主張する。したがって上の定義にきれいに当てはまる、まごうかたなき宗教である。

ではこの定義を、現代の様々な現象に適用した場合、どのようなものが宗教として認められるであろうか。ハラリは以下のものも宗教だと言う。

1　共産主義（財産を共有する社会こそが究極の幸福をもたらすと信じる）
2　資本主義（自由競争と私利の追求こそが、繁栄する社会を築くと信じる）
3　国民主義（自分たちを、歴史の中で果たすべき特別な役割を持った国民だと信じる）
4　人間至上主義（人間は奪うことのできない特定の権利を受け取っていると信じる）

さらに4の人間至上主義は、なにを人間の本質的権利と考えるかによっていくつかの異なる宗教に種別される。たとえば、

①　自由主義的な人間至上主義：個人の自由を最も神聖なものと見る。人権尊重主義。「各個人には自由で永遠の魂がある」とするキリスト教の信念に基づいている。規律の基本は「個人の尊厳と自由の保持」。
②　社会主義的な人間至上主義：ホモ・サピエンスという種全体を神聖なものと信じる。

個々の人間にとっての最大の自由ではなく全人類の平等を求める。これも一神教を土台としている。「あらゆる魂は神の前に平等」。規律の基本は「平等」。

③　進化論的な人間至上主義：典型例はナチス。人種差別を基本路線とする。規律の基本は「退化を防ぎ、超人への進化を促すこと」。現在、遺伝子工学による新たな進化論的人間至上主義が登場しつつある。

これを見て、まともに人生を考える人なら慄然《りつぜん》とするはずである。私たちの日常を取り囲んでいるほとんどの「生き方」「考え方」が実は宗教だということになる。キリスト教や仏教のような、「私は宗教でございます」といった顔で鎮座している昔なじみだけを宗教だと思うのは大間違いであって、私たちが普段、空気のように心身に取り入れている「世の動向」の本質は宗教なのである。

日本人で「私は無宗教です」と宣言している人がよくいるが、それは実際には「私は宗教について無知な愚か者です」と告白しているに等しい。ハラリの言説からわかるとおり、現代社会でなんらかの宗教色に染まらずに生きている人など、ほぼあり得ないのである。

そういった私たちを取り囲む無数の宗教は、多かれ少なかれ、「この生き方こそが幸福への道だ」と主張する。たとえば朝から晩までメディアのコマーシャルを見せられ聞かされている大勢の人たちは、知らぬ間に「より多くの物、より新しい物を持つことが幸福への道だ」という資本主義宗教に洗脳され、その信者になっている。自分が洗脳されていることに気づかないくらいどっぷりと宗教世界に浸っていながら、「私は無宗教です」などと言う。これが、宗教を知らないということの危険性である。

私たちは、宗教とは自分で選ぶものだと思い込んでいるが、実際には、私たちが選ぶ前に勝手に私たちの世界へ入り込んでくる宗教も数多い。そして気づかぬうちに私たちの生き方をコントロールし、時には、よい方向へと導くこともあるが、不幸へと突き落とすこともある。何度も言うが、私たちは様々な宗教に取り囲まれて生きている。そしてそれらの中には、私たちを苦しみや不幸へと導く危険なものも含まれているし、あるいは、本質的に穏健なものであっても、それが極端に先鋭化することで危険物に変容する場合もある。そんな状況にありながら、今の日本は「宗教にかかわらない」、言い換えれば「宗教のことは教えもしないし、学びもしない」という方針で人を育てている。きわめて危ない状況にあることを自覚すべきであろう。

ではどうすればよいのか。答えは一つ。宗教というものを、その本質からしっかり見据えていくのである。しかしそうは言っても、「正しい宗教とはなにか」などと大上段で問題設定しても、抽象的で意味のない言説が空回りしてなにも身につかない。まず必要なのは、誰が見ても宗教だと思うような典型的な例を実際に取り上げ、その理念や運営や布教のかたちを現実的な視点から理解し、それを延長するかたちで、宗教らしからぬ宗教にまで視野を広げていくという作業であろう。

「仏教とはなにか」「キリスト教とはなにか」といった、個別紹介の書物や映像は世に氾《はん》濫《らん》しているが、宗教という現象全体を把握するために、仏教なりキリスト教なりの個別宗教を考察していくという論説はあまり存在しない。今回、縁あって同志社大学神学部の小原克博先生との対談本を出すことになり、是非ともこの路線で議論を進めたいと考えた。小原先生はキリスト教徒でありながらキリスト教の学者でもあり、私は仏教徒、特に釈迦の教えの信者であり、かつ仏教学者でもある。信者であり、同時に研究者でもあるという二人が、それぞれの宗教をバックにして議論するという、きわめてユニークな場が設定できた。

宗教について学ぶ権利を奪われた多くの日本人にはピンとこないかもしれないが、仏教とキリスト教は、「幸せとはなにか」という最も基本的な問題に関して、全く異なる考え方をする、言ってみれば背反関係にある宗教である。幸せの基準が異なる二つの宗教を、競い合わせ、白黒決着をつけるためではなく、多種多様な宗教それぞれの特性を見出す基点とするために対峙させる。それが本書の目的である。

二千年以上の歴史を持つ二つの宗教を、たかだか二〇〇頁ほどの新書本で語ることなど無謀な試みと思われるかもしれないが、どのような宗教にもコアになる教えと、その教えを維持していくための運営法というものが決められていて、そこを重点的に見ていくことで本質に近づくことができる。もちろん今回の出版はそういった試みの第一歩であるから不備不足も多いと思うが、それでもこういったかたちで、現代的宗教理解への道を示すことができたことに満足している。すべては、知性豊かに、そして冷静温和に相手をしてくださった小原先生のお人柄のお陰である。最高の対談相手に恵まれた幸運に感謝し、この試みが、日本人の宗教理解への一助となることを心より願っている。

出版に際しては、平凡社の蟹沢格氏と、そして編集協力してくださった今井章博氏にひとかたならぬお世話になった。お二人に、心からの感謝の意を表します。

第1章　仏教には救済者がいない

信仰者として、学者として

佐々木　小原先生は、キリスト教の中でどういうお立場でいらっしゃいますか。

小原　私はプロテスタントの信者であり、同時に牧師で、神学を研究しています。この場合、信仰者の立場と、神学者の立場の位置づけが大事です。

佐々木　やはり宗教の信仰者であることと、その宗教を客観的にとらえる研究者であることを両立させるのは難しいとお考えですか。

小原　難しいと感じることもあります。一般に、神学は信仰を前提とした学問と言われています。しかし、私の場合、その部分もありますが、宗教研究として、キリスト教を外部から研究対象としている面もかなり強くありますから、テーマによって、対象に対しズームインしたり、ズームアウトしたりということを意図的に行っています。信仰に関わる事柄についても、考えたり論じたりはしますが、同時に歴史的な現象としてのキリスト教を客観的に見るという両面を、併せ持つことを日々考えています。

佐々木　それは具体的な活動で言えば、論文と一般書で書き分けておられるということですか。

小原　極端な書き分けではありませんが、信者向けの雑誌には、信仰を前提にした書き方になりますし、一般の研究論文や雑誌に掲載する場合には、そういうことは自ずと控えめになります。

佐々木　そのあたりは私も同じような立場です。私は浄土真宗の僧侶ですが、現在の浄土真宗は生まれや血筋を重視する教団なので、そこに生まれてしまうと嫌でも僧侶にならざるを得ないというところがあって、私の場合も自分から積極的にその信仰を選びとって僧侶になったわけではありません。ただのなりゆきです。私は釈迦の信者ですが、ご存じのとおり、今の時代に釈迦の仏教そのものはどこにも存在しませんから、研究者としてそれを探っていかないと、自分の信仰のコアが出てこないという、変わった形になっているんです。研究には個人的な思いを絶対入れないようにして、論文も、文献から得られる情報をひたすら客観的に取り出して、歴史的事実だけを書くことにしています。そして、生き方の指針として釈迦の教えを語る場合にだけ、自分の世界観や思いを書くようにしています。このような二面性は互いに矛盾するものではなく、同じものの裏表を表現しているだけなので、私としては非常に楽です。

小原　そうですね。私のスタンスとかなり似ていると感じました。私が、自分でも思っているし、学生にも時々話すのは、信仰と疑いを共に持つべきだということです。当然、神学部の場合にはクリスチャンの学生もいますが、だからといって信仰を正当化するための議論だけをやると学問になりません。ですから、信仰は前提にしてもいいけれども、それを前提にしている自分自身を疑う視点、批判的に対象化する視点を持つことで、信と疑の両方を駆動させることが大事だと言っています。端的に言えば、神は絶対的であったとしても、人間は絶対的な存在ではあり得ないし、過ちを犯しうる存在であるということです。自分自身のものの見方を疑うことによって、人は自己絶対化に陥らず、謙虚になることができますから、信仰と疑いの両方が必要です。

仏教は真理発見の宗教

佐々木　これは仏教の一つの利点でもありますが、本来の仏教は啓示宗教ではなく、真理発見の宗教ですから、大事なのは人ではなく、その人が見つけた真理です。そういう意味では、私が歴史的な釈迦の実像を解明していくことによって、釈迦個人のイメージが崩れていってもまったく問題はありません。それを説いたのが実は釈迦ではなかった、ということになっても、その教えが私にとって納得のいく真理であるなら、それでちっとも構わないんです。実際に歴史研究をしていくと、今まで持っていたイメージが必ず崩れます。例えば、これは釈迦の教えだと言われていたものが、実はずっと後に成立したことがわかってくるんですが、それは全然構わないんです。結局その宇宙観、世界観が私を支えてくれるものであるなら、それで私の宇宙観は成り立ちます。この点から見て、私が最も大切にしているのは、組織を背負わないということです。宗派の人間として語ることがありませんから、自分が納得していないことをその集団の利益のために言う必要がないんです。

小原　先生が浄土真宗の僧侶であることは、先生にとってはあまり重荷にならないということですか。

佐々木　そうです、まったく重荷になりません。そもそも私にとって浄土真宗の僧侶であるということは、人生を左右するほどの大したレッテルではありません。私が個人で決心して決めたものではありませんから、帽子のバッジみたいなもので、付いていても、付いていなくても構わないものなのです。

小原　しかし、浄土真宗の僧侶ですから、門徒からすると、先生に浄土真宗について教えてほしいと願いますよね。ところが、先生の信仰は釈迦の仏教であるとなると、そこで矛盾は生じないのでしょうか。

佐々木　矛盾します。ですから、私は浄土真宗の僧侶として儀式に出ることはありますが、思想として語るときには、浄土真宗、阿弥陀《あみだ》信仰のことは語りません。語る場合は、釈迦の仏教から見て、阿弥陀信仰はどういう面で正当性を保持できるのか、ということしか言わないようにしています。釈迦の仏教を理解してもらうための一つのファクターとして、阿弥陀信仰の基本理念を紹介するというかたちです。

釈迦の教えは現存しない

小原　その辺りは、後に歴史的な議論をする際に再度取り上げたいと思います。もう一つ確認しておきたいのは、先ほど先生が、現在では釈迦の教えは存在しないと言われた点です。上座説仏教の人たちからすると、自分たちこそが釈迦の仏教の正統な継承者だという自覚が、強くあると思います。しかし、先生の立場からすると、やはり上座説仏教も、釈迦の仏教とは区別して考えるべきだということになりますか。

注：現在、スリランカや東南アジア仏教国に流布しているテーラワーダ仏教は一般に「上座部仏教」「上座仏教」と呼ばれているが、正式な翻訳は「上座説仏教」である。本書ではこの名称を用いる。

佐々木　ええ。釈迦の仏教と上座説仏教には、歴史的にたくさんの食い違いがありますから、当然のことです。一つ例を挙げると、現在の上座説仏教では尼さんの出家が認められていません。尼さんの僧団は一〇〇〇年くらい前に滅びてしまって、復活できなくなってしまったからです。スリランカではかろうじて復活していますが、それも非常に変則的な形です。ところが、本来の釈迦の仏教の場合は男性も女性も平等に出家し、修行して悟れると言っていましたから、それだけでも大きく変わっています。そのような状況で、釈迦からそのまま繋がっていると言うことはできないはずです。歴史的事実として、上座説仏教をそのまま釈迦の仏教と見ることはできないのです。

小原　釈迦の仏教から上座説仏教、大乗仏教、日本の仏教へと変わっていく点については、後ほどまとめて議論したいと思います。歴史的な議論に立ち入る前に、まずは現代社会という文脈で、仏教やキリスト教がどういう役割や視点を提供できるのかについて、考えてみましょう。

先生の著書の多くは、非常にわかりやすく書かれていると思います。仏教を知らない方でも入っていけるような切り口で書かれた本がいくつもありますね。例えば『ブッダに学ぶ「やり抜く力」』（宝島社、二〇一七年）では、我々が現代社会のいろいろな苦しみにどう向き合って、それを越えていくべきかという、知恵のようなものが、仏教の視点から語られています。先生の著書には文献学的な専門のものもありますが、そこにとどまらず、釈迦の仏教を現代人に届けたいというモチベーションが、非常に高いように感じますが、その点はいかがでしょうか。

佐々木　例えば、釈迦の仏教が古代に作られた古くさい世界観にすぎず、今の人々にはまったく無関係であるのなら、現代社会に発信しようとしても無駄だと思います。しかし、研究をすればするほど、現代社会との共通点が見えてきます。それが、古代の抹香臭い教えとして埃をかぶっているのは、非常にもったいないと思うんです。今の時代においてこそ、一番役に立つような教えもありますから、それを、できるだけみなさんに知ってもらいたいというのが私の思いです。

縁起は科学的思考となぜ合うか

小原　しかし、現代社会では、私たちが社会や世界を見るときに、合理的で科学的なものの見方こそ正しいという教育をされたり、そう思っていることが多いので、ともすれば、宗教は世界を理解するにあたって、信じるに値しないという見方も強くあります。日本は伝統的に仏教が強い国だと言われていても、一人ひとりを見れば、仏教に詳しくないどころか、仏教に対する知識は皆無に近い状況だと思います。ですから、科学的な思考が圧倒的に影響を及ぼしている現代世界の中で、仏教の立ち位置、あるいはキリスト教の立ち位置をどう考えたらよいのかというのは、私にとって大きな課題です。

佐々木　私はスケールの問題だと思っています。宗教は根本原理から始まって、枝葉末節の細かい儀礼や、難解な哲学的議論まで、非常に幅広く、重層的になっています。それのどこを切って現代社会と適合させるかによって、適合性はまったく違ってくると思うんです。細かいところを取り上げて、ここが似ていますと言っても、似ていないところもたくさん含まれていますから、説得力がありません。もし科学的な世界観と宗教が接続できるとするなら、枝葉末節の類似点の指摘ではなく、必ず根源的な、一番大本のところを見ていかなければならないだろうと思います。

小原　そうですね。例えば、仏教の根本的な教えの一つに縁起があります。縁起はすべての原因と結果を重視しますが、それだけをとらえれば、科学的な思考もまったく同じですよね。とすれば、科学でいう原因と結果の関係と、縁起でいう原因と結果の関係に違いはあるのでしょうか。

佐々木　倫理性のあるなしという点に違いがあります。縁起の中には倫理性が含まれてきます。善行や悪行も、因果則の原因となり、結果を生む一つの要素だと言えますから、そこに仏教が宗教であることの意味が出てくるわけです。しかし、コップを壁にぶつけて割れるといった物理現象も縁起の一つと考えますから、その点においては物理学と何も変わりません。

小原　科学は価値中立的であることを前提にしますから、法則や現象を説明する際に、善悪の観念は入れません。ところが、科学が生み出す様々な技術や応用の形態については、人間が使うものですから、その技術をどう使うのが倫理的に正しいのか、という問題が生じてきます。そのときに、宗教は科学と接点を持ち、宗教の出番があるのではないかという気がするのですが。

佐々木　それはあると思いますね。例えば、仏教であれば殺生を嫌いますが、科学の基本的な原理の探求においては、殺生をするかしないかはどうでもいいことです。しかし、それによって生み出された技術を、人間が自分の意志によってどう使うかというときには、殺生をするか、しないかで、大変大きな違いが出てくるわけですよね。そこまでスケールを広く設定した時に、倫理性も含めた仏教の因果関係、縁起観は、現代の科学とぴたっと合うということになりますね。

「出家」こそ仏教

小原　仏教にはそういった倫理性がもともと組み込まれていると思いますが、キリスト教との比較で言うと、一般的には、キリスト教が社会問題に対して、倫理的な規範性を持っているのに対し、仏教は出家を強調するので、この世の事柄からは距離を置いていると考えられています。結果的に、仏教倫理のようなものが、十分に発展してこなかったという側面もあると思うのですが、その点についてはいかがですか。

佐々木　それはおっしゃるとおりで、そもそも仏教は、社会と関わりを持たないことを前提に作られている宗教です。逆に言うと、社会に関わりを持ちたくない人が出家して、集まって作る集団なんです。それが逆に社会に出ていって、社会に対して影響を与える、倫理的な主張を展開するということになると、仏教の存在価値そのものがなくなってしまいます。

小原　なるほど。では、先ほど先生が言われた、縁起には倫理性が含まれる、といった場合の倫理性は、この世の倫理とは別次元の倫理だということですか。

佐々木　仏教の善悪観は二重構造です。世俗的倫理観における善悪とは、将来自分に好ましい生活をもたらしてくれる行いが善で、つらい生活をもたらす行いが悪です。これに対して、仏道修行者だけの善悪観というものがあって、善行であろうが悪行であろうが、ともかく我々に将来の生をもたらすもの、つまり輪廻《りんね》の原動力となるものはすべて悪であり、その輪廻を止めて、完全消滅状態、すなわち涅槃《ねはん》をもたらす行為が善とされます。涅槃をもたらす行為とは、仏道修行ですから、仏道修行者にとっての真の善とは、仏道修行だけ、ということになるのです。

小原　ということは、やはり涅槃が最終的なゴールとしてあるということですね。

佐々木　そうです。そこが一神教的、あるいは出家を想定しない宗教との基本的な違いです。

小原　つまり、解脱《げだつ》に益するものは善であり、それに反するものは悪であるということですね。

佐々木　そういうことです。ですから、仏道修行を妨げることがらは悪とは言わずに、「善でない（不善）」という言い方をします。

小原　そういう意味ではわかりやすいですね。そういった高次の善があるので、この世的な善悪判断には意識して執着しない、関わらないということですね。

佐々木　そういうことです。ですから、仏教は本来的に世界を良くするといった意思を持ちませんし、世間の人々をすべて仏教の修行者にしたいとは願いません。そもそも、世俗の善悪観で生きる人々にサポートしてもらって、初めて出家世界が成り立ちますから、この世を完全な仏道修行の世界に作り変えて、全員が修行者になったりしたら、出家世界が成り立ちません。

小原　出家世界がサンガということですね。

佐々木　そうです、サンガは世俗社会が支えてくれて、はじめて存続できるのです。キリスト教の場合には神という存在がいて、神の意志が世界全域にいきわたって、実現されていくという方向性を持ちますから、キリスト教が全世界の方向性を考え、世の中に対して主張していく姿は当然だと思います。イスラムもそうだと思います。ユダヤは民族宗教だから、ユダヤ民族以外のところには、おそらく社会的主張はしないと思いますが。

諸行無常と諸法無我

小原　そうですね、ユダヤ教は比較的自己限定していますね。話を現代の文脈に戻すと、社会の世俗化が日本でも進んでいて、仏教の影響や歴史を持っているとは言いつつも、あるいは家に仏壇があるとはいえ、人々が仏教の教えに十分に馴染んでいるわけではないと思います。このような時代の中で、現代人に対して、仏教の中から特にどのようなものを汲み取ってほしいとお考えでしょうか。

佐々木　私は、現代人に一番必要な仏教の教えは、諸行無常《しょぎょうむじょう》と諸法無我《しょほうむが》だと思っています。諸行無常は我々が持つ、「すべてのものがそのまま存続してほしい」という願いが、実は絶対に叶わないというメッセージです。また、諸法無我も、「この世の中心存在は私自身であり、世の中は私に都合のいいかたちで動いている」と考えるのは、絶対に間違いであるという主張です。ですから、これには現代人が陥る、苦しみへつながる道を是正する働きがあると思っています。私はそれが、釈迦の教えが現代社会に役立つ一番のポイントだと思っています。

小原　諸行無常と諸法無我、この二つは仏教の根本原則ですね。

佐々木　そうです、世界観ですね。この二つが合わさって、一切皆苦《いっさいかいく》、すべてが苦であるという世界観が現れます。ただ、これは釈迦の仏教までのことで、後の仏教ではこれをすべて転換し、逆にしています。ですから、日本にある仏教を見た限りにおいては、これは実感できません。

小原　一切皆苦という原則がありながら、それが後の仏教の中では、あるいは日本の仏教の中では、十分に感じられなくなっているという部分について、もう少し説明をしていただけますか。

一切皆苦、救済者はどこにもいない

佐々木　一切皆苦の基本は、どこにも救済者がいないという実感です。我々は誰にも救ってもらえないというのが苦の本質です。しかし、これが大乗仏教になりますと、外部に救い主を設定するようになってしまうんです。

小原　超越的な救済者としての阿弥陀仏とか、そういうことですね。

佐々木　そうです。あるいは、仏性《ぶっしょう》とか如来蔵《にょらいぞう》といった内面的実在を想定するようになるのも同一線上の現象です。そして密教になれば、大日如来という宇宙に遍満する汎神論的な実体が登場してきて、我々はその宇宙存在に囲まれ、その一部としてここにいるという安心感を求めるようになる。これらを言い換えますと一切皆楽ということになりますね。

小原　なるほど。一切皆苦から一切皆楽への逆転は興味深いです。

佐々木　ですから、そういった仏教を見た限りにおいては、釈迦が考えていた一切皆苦の世界観は絶対に伝わらないですね。

小原　大乗仏教の中でも一切皆苦と言われ続けてきたと思いますが、これはかなり自己流に解釈されたものだということですね。

佐々木　そうです。実際の意味はもはや含んでいませんね。

小原　この世に苦は満ちているけれども、阿弥陀如来によって救われる、そういうふうに持っていくわけですね。

佐々木　そうです。最終的には一点だけ、例えば阿弥陀如来にお願いするとか、仏性を拠りどころにするといったことだけがそれを突破する唯一の道なのだ、という形になっていますね。ところがもともと釈迦はそんなことは一言も言っておらず、この世は完全閉塞の世界だと言うのです。

癒しとしての仏教、「こころ教」の誕生

小原　その違いは大きいですね。仏教の根本原則は今の世界にも十分通用するし、それを知ってほしいと先生が思われることについては、そのとおりだと思います。ところが、日本においては、一般の人が仏教と接するのは、お葬式のときくらいでしょう。そして、そ

こでお坊さんの発するお経は、いくら尊いものであっても、普通の人にはまず理解できない呪文のようなものに聞こえてしまいます。ですから、一般の人にとって仏教は難解であり、勉強するのも大変だということで、なかなか、その教えに触れるには至らないと思います。

その一方で、仏教の側がそれを自覚した場合、教えをわかりやすく伝えるために、あなたの心の悩みに仏教はお答えしますよというような、いわば「癒しとしての仏教」という側面がアピールされるようになってきているのではないでしょうか。言い換えれば、佐々木先生のいくつかの著書で述べられているような「こころ教」のようなものに仏教がなりつつあるということでもあります。仏教に限らず、他の宗教にもそのような傾向はあると思いますが。

佐々木　そういうものはキリスト教にも感じられますか。

小原　はい、感じます。これは世俗化や近代化の影響だと思います。近代以前は、天国や超越的な形での救いを語っていましたが、近代人はそういう証明不可能なものを信じなくなってしまいました。かつては、驚くべき奇跡を語ることによって、聖書に書かれていることは尊いということを主張することもできましたが、近代人は、奇跡なんて科学的に説明できないし、再現性もないということで、そうした側面をどんどん否定していくわけです。ですから、近代の人間にとって重要なのは、思想でいうと実存主義のようなものと連動しますが、私たちの心になんらかの意味を与えてくれるようなものに限定されていきます。現代でいえば、人間の宗教的な経験は、心からさらに先に行って、人間の脳内活動に還元されるということにもなります。

佐々木　「頭脳教」になりますね。

小原　そうですね。一般の信徒が信仰は脳内活動だ、と言うことはありませんが、信仰を人間の内面的な心の問題としてとらえる傾向はあります。キリスト教も、とりわけ啓蒙主義以降の大きな流れを見ると、かつてはあった超越的なものが、だんだんと信じられなくなり、そういうものがどんどん縮小していって、今は自分の中で納得できるものだけを信じるという形になっていると思います。

佐々木　最終的には神の存在になりますね、神は実在するのか、それとも心の中にバーチャルな存在としてあるのかを問われるわけですね。それについては、キリスト教の中、例えば教団の中でも議論されるのでしょうか。

小原　さすがに既存の教団の中で、神は存在するのかしないのかを正面から議論することはめったにありませんが、神学的・哲学的な議論としては長い歴史があります。キリスト教世界の中では、一九世紀以降、フォイエルバッハやニーチェのような無神論の系譜が出てきます。神を積極的に否定する形で、近現代の思想は成り立っている部分がありますので、キリスト教神学は、啓蒙主義以降の宗教批判や無神論と絶えず戦ってきたと言えます。そういう意味ではナイーブに、神は実在しますよ、天国はありますよね、という言い方は、少なくとも学問の世界ではできません。どのような批判を受けてきたかということを絶えず意識し、理解したうえで、超越的なものを語っていく必要があります。

佐々木　やはりその点で、これからキリスト教、イスラム教は大きな壁に直面すると思います。

小原　そうですね。確かに、キリスト教の場合はそういった内的な葛藤を抱えてきましたが、イスラムで同様の宗教批判をすると、かなり大変なことになります。例えばコーランの無謬《むびゅう》性や絶対性については、疑いを挟むのは難しいでしょう。

佐々木　イスラム教徒で進化論をやる人はほぼいないと聞きましたが。

小原　そうでしょうね。イスラム世界では、科学や技術に対する非常に強い関心や欲求がありますが、神による世界創造を否定するような科学的な知見に対しては、きわめて慎重です。イスラム世界では、生物学の教科書であっても、進化論的なテーマは慎重に省かれたり、表現を変えられていると聞いています。ところで、科学的世界と宗教の関係に関連して、佐々木先生は「こころ教」という言葉をいくつかの著作の中で使われています。先生が「こころ教」という言葉によって何を言おうとしているのか、改めて説明してくださいますか。

佐々木　簡単に言いますと、今の議論に出たとおり、我々は近代科学の洗礼を受け、科学的思考で小さいときから教育されて、この世の中は物理法則によって動いている世界だということを、例えば宇宙はビッグバンから始まって百何十億年の寿命を持ち、生命体は進化の中でできたという、宗教とは合わない世界観を植え付けられている時代です。その中で、宗教が従来の独自の世界観をそのまま保持しようとすることが、だんだん難しくなっています。例えば、神がいるとか、阿弥陀様がいるという話は、一種のたとえ話としてしか伝わらなくなっていますよね。それで、それを主張する宗教界は、そういった独自の世界観が、実在世界ではなく、我々の心の内にあるものだと主張し始めます。心が生み出している世界なのだから、科学的な世界観とは整合性が取れていると言い出すわけです。そうすると、それぞれの宗教が持つ世界観の独自性が、本質的実在ではないということになってしまいます。ですから、結局そういった様々な宗教の異なる世界観は皆、心が生み出したものだというところに一点集約してしまうわけです。そうすると、宗教の各宗派の独自性は失われ、それぞれの宗教が世界観を語るための独自の言葉も通用しなくなってきますので、最大公約数的な、どれにでも適用できるような、あいまいな言葉が世界観を表すようになります。その代表的なキーワードが、「こころ」という言葉です。その他に「いのち」、動詞だと「いきる」。この三つが、宗教的な雰囲気をまとっている、いかなる独自性も表さない言葉として使われるようになる。これが「こころ教」です。

「こころ教」化がどんどん進んでいきますと、各々の宗教が持つ独自の世界観は失われますから、それを受け取る人がその宗教によって救われなくなってしまいます。宗教はその独自の世界観に入るからこそ救われるのですが、「こころ」「いのち」「いきる」だけで語られると、一時の気休めにしかなりません。「こころ教」というのは、万人に適用できる気休め宗教で、私はこれを、「こころのサプリメント」と言っています。一方で、そういうものでは救われないといって、本当に悩み苦しんで宗教を求める人がいることも間違いありません。そういう人たちは、サプリメントではなく、本当に効く薬を求めて、原理主義化していくわけですね。そして科学的世界観を拒否し、従来の宗教世界の世界観が正しいと、強固に主張する。このような、数は少ないが、強烈な信仰心を持った一部の原理主義と、幅広くサプリメントで満足して、それが宗教的世界だと思って、気楽に生きている「こころ教」の人々で、これからの宗教世界は二分されていくのではないかというのが、私の言っている「こころ教」の時代です。

「こころ」は何も指していない

小原　これは大変現代的なテーマですから、キリスト教世界の事情なども合わせ、掘り下げていきたいと思います。一方で、「こころ教」に代表される、宗教を薄味にして、万人が味わえるものにしようとする欲求があり、他方で、それに抗う形で、濃厚なエッセンスを、これこそが本当の味だと言って提供しようとする人々、佐々木先生の言葉で言えば、原理主義者がいる。話をうかがっていて、このような対比があると思いました。「こころ教」は万人に適用されるという意味で、非常に包括的な概念だと思います。ところが、実際の「こころ教」は、一人ひとりの人間をつなぎとめるような包括性を持っているのではなく、自分の心に付着する、自分だけの世界なんですよね。「こころ教」は一見包括的に見えるけれども、それ自体は一人ひとりが持っているパーソナルな世界から、一歩も外に出ていかないという意味で、きわめて私事化、プライベート化されたものだと思います。

佐々木　まったくそのとおりだと思いますね。本来の宗教が持っていた大きな作用の一つは、見ず知らずの大量の人間を、一つの世界観でまとめ上げるという働きですよね。遠く離れていて会ったことがない人でも、同じ宗教に属していることで同じ世界にいることが確信できたんです。ところが、「こころ教」は特殊性のある言葉では語られません。誰もが知っている概念で、そして誰もが別々に持っているイメージでとらえる概念ですね。ですから、実は「こころ」は何も指していないんです。

小原　そうですね。そこで、個人の救いと、集団的な活動との関係を考えたいのですが、仏教の場合、根源的には、私がいかに救われるかという、きわめてパーソナルなものだと思います。ただ、一人が救いに向かって修行するのは大変だということで、サンガという修行集団が作られました。ですから、釈迦の仏教では、個人の救済と、集団での活動は一体不可分のものとしてあると思います。ところが、「こころ教」の場合、集団は必要ありませんよね。そもそも、他者を必要としない。この点は大きな違いだと思いますが、それに対して、現代の仏教はどのような答えを返せるのでしょうか。

佐々木　現代はサンガを作らなくてもインターネットがありますから、たとえ出家集団としての仏教であっても、共同生活する必要はなくなってきていると思います。ましてや、「こころ教」は非常にパーソナルなものですから、まとまる必要はまったくありません。そういう意味では、教団や、宗教集団である必要性がなくなってきているのだと思います。では、それに対して仏教がどう対応するかということですが、正直なところ、対応のしょうもなければ、対応する必要もないと思っています。

小原　しかし、釈迦の仏教はサンガを重視したわけですよね。その部分が釈迦の仏教の根幹部分だとすれば、どうなのでしょうか。

佐々木　釈迦の仏教は、「こころ教」になっても変質しないという特性があります。なぜかというと、先ほども言いましたように、諸行無常、諸法無我という世界観は、今の科学的な世界観と背反しないからです。釈迦の仏教の場合、承認すべき必須の要件は、「この世が我々の利己的な思いに沿わない法則性で動いている」という状況だけであって、なんらかの非科学的世界を想定する必要がありません。ですから、釈迦の仏教の世界観を科学と合わせるに際して、それを心の問題だといって、無理矢理心に落としこむ必要性がないわけです。そこが面白いところで、別に私が釈迦の仏教の信者だから良く言っているわけではありませんが、少なくとも私自身の生き方で考えた場合、釈迦の仏教を拠り所にしながら、科学的な世界観で生きていることに、まったく矛盾はないですね。

小原　それは先生ご自身が、もともと京大で科学を学ばれたという背景も関係していると思いますが、科学的な知見と、釈迦の仏教の研究者であるという立場は両立しているわけですね。

佐々木　そうです。

小原　佐々木先生において、科学と釈迦の教えが両立しているのはわかるのですが、現実には、科学的な世界観の圧倒的な力によって、宗教的な世界観は片隅へと追いやられている感があります。そして、それはどんどん足場を切り崩されていって、科学的な世界観で説明できないような超越的なものは、心の問題に還元されてしまっています。そういった現状を考えると、仏教は科学的世界観と矛盾しないと言うだけでは済まなくて、科学的世界観が現代にもたらしている影響に対して、何か言う必要があるのではないかと思いますが、いかがでしょうか。

末法思想の本当の意味

佐々木　それについては、またもとの話に戻りますが、仏教は世直しと関係しませんから、世界に対してそれを主張するかどうかは完全に個人の判断であって、「仏教がそれをせよ」という命令性はどこにもないんです。末法思想をご存じだと思いますが、釈迦の仏教は「必ず滅びる」というのが前提なんです。そして、その後の世界は大混乱に陥り、結局誰一人として救われない時代が来ると決めていますから、そういう意味では、今の世界をより良くしていって、幸福な世界を作ろうという意欲は非常に低いと思います。

小原　末法思想は日本にも大きな影響を及ぼしましたが、これは釈迦の仏教の一部だと考えてよいのでしょうか。

佐々木　そうです。諸行無常ですから。釈迦の教えも時がたてば必ず滅びます。

小原　確かに、諸行無常を前提にすれば末法思想は無理なく理解できますね。現在が諸行無常であるだけではなく、この世界はさらに混乱し、最後は滅びていくという世界観だと考えてよいでしょうか。

佐々木　ただし、時間は永遠に続きますから、滅びた世界はまた再生してくるんです。そしてまた仏陀が現れて、仏教が出てくる。そしてその時期に仏教と出会った人々が救われるという考え方ですね。絶望する必要はありませんが、より良くなるということもなく、進化もしません。

小原　その考えは、釈迦の仏教から大乗仏教に至るまで、基本的に共通していると考えてよいですか。

佐々木　そのような世界から逃げ出したい人は阿弥陀信仰で別世界へ行こうと願います。この我々の世界にいる限りは滅びます。ただ、「滅びた後もこのお経だけは残るのだ」という言い方で、末法の中での存続を図るような宗派もありますね。

小原　その歴史観は、キリスト教の歴史観とは、かなり異なりますね。

佐々木　そうですね。

小原　イエスの教えと直接関係ないものも多数含まれていますが、新約聖書は最後の審判や世の終わりについて語っており、そうした終末のイメージはキリスト教社会では大きな影響力を持ってきました。世の終わりを考える一方で、そこに至るまでは人間も社会も進歩していくという思想が、特に西洋社会では見受けられます。つまり、この世をより良くしていくためにキリスト教がどのように貢献できるのか、といったことが、どの時代においても大きな関心事でした。

佐々木　そうですね。そういう意味では二つの宗教を、この世にとって役に立つかどうかという視点で見た場合には、明らかにキリスト教に軍配が上がりますね。そもそも、仏教は最初からそうではないという視点で作られている宗教ですから。

小原　面白いですね。

佐々木　できれば、仏教だって社会に貢献する面はたくさんありますといった、格好いいことを言いたいのですが、それを言ってしまうと、釈迦が作ったサンガでの出家生活の理念が崩れてしまいます。仏教は、より良い社会を作るために現れた宗教ではなく、どうあがいても人に究極の安楽を与えることなどできない欲望の世界にあって、個々人のスケールでの安寧を実現しようとする教えなのです。

エンゲージド・ブディズムは釈迦の教えからの逸脱？

小原　釈迦の仏教に基づけば、仏教と社会の関係は先生がおっしゃったとおりだと思いますが、他方、アジア、特に東南アジアでは、エンゲージド・ブディズムといった、社会貢献を仏教僧が行うような活動も見られます。それについてはどのようにお考えですか。

佐々木　釈迦の仏教のままですと、世間的な視点で見れば仏教は社会との間に距離を置く冷たい宗教だということになりますから、それで一般大衆の声を受け入れて、仏教だって社会貢献ができますよということで、例えば禁煙運動などの、様々な活動をするわけですよね。そういう、社会と関わりを持つ仏教をエンゲージド・ブディズムといって、これが最近、東南アジアなどでも盛んになっていますが、一方で、エンゲージド・ブディズムは本来の仏教とまったく違うという批判も、たくさん出ています。そもそも、社会を良くするといったって、それは仏教の、ある特定の思想に基づく社会改革ですから、それが万人の幸せに向かうわけではないじゃないか、ということですね。ですから、エンゲージド・ブディズムは、ある意味釈迦の教えからの逸脱であると言えます。

小原　そのような見方もなされているということですね。

佐々木　私も幾分そう思っています。

小原　しかし、サンガには、世俗の社会の人に完全に支えられているという、根本的な依存性がありますから、支えてくれている社会に対して、何らかのお返しをしたいという欲求が出てくることは自然なことではないでしょうか。

佐々木　仏教におけるお返しは何かというと、仏道修行という、一般社会の価値観とは別の生き方があるということを世に示し、それによって救われたいと願う人を全部受け入れるということなんです。

小原　それが一番のお返しなんですね。

佐々木　はい。つまり、サンガという組織を維持していくことが、一番のお返しになるわけです。あなたが俗世を離れたいと願った時、そんなあなたを受け入れる受け皿がいつでも存在するから、いつでも入れますよ、という状況を作っておくということです。ですから、全人類にお返しするのではなくて、仏教的生き方を必要としている人にすべてを与えるという、そういう意味での利他を考えるわけですね。

小原　仏教の場合、第一義的には自分の苦悩をどうするかですが、例えば目の前に苦しんでいる人がいる場合、釈迦の仏教としてはどう考えたらいいんですか。

佐々木　自分が苦しみから逃れる道を歩いている、その後ろ姿を、あとに続く人たちに見せて、救いの道を示すのが仏道修行者の利他です。そもそも、出家したお坊さんはお金もなければ家もないわけですから、世俗的な方法で人を助けることはできません。苦しんでいる人たちに、こんな道があるから、来たかったらいらっしゃい、と生き方の実例を見せるだけの話です。それだけが唯一の、他者に対する救いです。

小原　徹底しているというか、わかりやすいですね。

佐々木　しかし、人を積極的に助けることが利他だと考える人たちから見ると、これはきわめて利己的に見えますよね。ですから、まさにこれが、大乗仏教がいつも上座説仏教に対して言う批判なんです。誰も助けないじゃないか、世の中の人を助けずして、何が慈悲だと言うんですが、それは違うんですね。出家して修行する世界があるということを背中で見せることが、多くの人を導いて助けるという意味での利他なんです。ここで一つ言っておかなければならないことは、目の前で実際に苦しんでいる人がいた場合、それを出家したお坊さんが見捨てて立ち去る、などという話ではない、ということです。困っている人がいれば助けます。しかしそれを、仏道修行者として為すべき立派な行為だ、などと考えてはならない、ということです。自ら進んで人助けをすることが修行になる、などとは考えない、ということです。

第2章　宗教は原理主義である

ファンダメンタリズムはアメリカのキリスト教から生まれた

小原　それでは次に、先生が話された「こころ教」の副産物として生まれてくる原理主義の問題について触れたいと思います。原理主義は、英語ではファンダメンタリズム（fundamentalism）ですが、これはアメリカのキリスト教から生まれてきた言葉です。一九世紀後半には、ヨーロッパからダーウィニズムや、聖書を神の言葉ではなく、近代的な文献学の対象として分析する学問的な手法が伝わってきていました。これらによって聖書の権威が揺らぎ、ひいてはキリスト教の世界観そのものが大きく揺らぎました。そういう時代の中、誰が何と言おうと私たちは聖書に堅く立つのだということを確認し合うことによって、二〇世紀初頭にファンダメンタリズムが運動として盛り上がってきたわけです。この運動は、一時アメリカの中で大きな力になりましたが、やはり近代化の力はそれよりも強く、結果的にファンダメンタリズムは時代の表舞台からは消えていきました。ところが決して消滅したわけではなく、二〇世紀後半になると息を吹き返して、政治と結びつくことになりました。一九八〇年代、レーガン政権の時代には、大統領選挙に大きな影響力を及ぼし、注目されるようになりました。その後も活動を維持し、今のトランプ大統領を支える基盤にもなっています。

ファンダメンタリズムという言葉には、英語においてもネガティブな印象がありますから、クリスチャンが自称として使うことはありません。しかし、ファンダメンタリスト（fundamentalist）だと言わなくとも、実質的にファンダメンタリストであるクリスチャンはたくさんいます。現在では、そうした人々に対して、キリスト教保守派や福音派、エバンジェリカル（evangelical）という呼び方が使われることが多いですね。ちなみに、ファンダメンタリストは、キリスト教だけでなく、ユダヤ教にも、イスラムにもいます。特にイラン・イスラム革命（一九七九年）以降は、ファンダメンタリストと言えば、イスラム・ファンダメンタリストという言葉の使われ方をするようになりました。ですから、歴史的な由来はキリスト教ですが、現代的な用語法としては、イスラムとセットで使われることが圧倒的に多くなりました。

佐々木　後代の大乗仏教ではなく、根本にある釈迦の教えを信奉しているという意味で原理主義という言葉を使うことがあるのですが、イスラムと混同されることがよくあります。

小原　一神教の世界に限りませんが、自分たちが信じている信仰や聖典、教祖に対する絶対的な忠誠心からラディカルな行動を起こす人々がいます。それが極端になると、宗教的な過激グループやテロリストのようになってしまいます。現代における一例としてISを挙げてもよいでしょう。この問題には各国が手を焼いていますよね。ですから、先生が言われたように、原理主義という言葉を発するだけで、多くの人がイスラム原理主義や暴力的な集団を連想してしまいます。

佐々木 私の言う原理主義を、もっと正確に、現代的な文脈に置き換えるとすると、何か別の言い方があるでしょうか。

小原 人口に膾炙《かいしゃ》しているという意味では、やはり原理主義と言うのが一番わかりやすいです。しかし、一般的に使われすぎているので、どういう文脈で、その言葉を使っているのかを丁寧に説明しないと、イスラム原理主義のイメージに引き寄せられてしまうと思います。私が原理主義について語るときも、その言葉を、必ずしも否定的な意味で使っていませんと言います。原理主義は、文字どおり言葉の理解では、自分自身が大事にしている原理に従って生きるということです。例えば、私がよく例として挙げるのはガンディーですが、彼の非暴力抵抗運動は典型的な原理主義です。つまり、アヒンサー（非暴力）やサティヤーグラハ（真理の把捉《はそく》）のような原理・原則を立て、そのもとにガンディーは運動を展開しました。自分たちがいくら暴力による脅迫を受けたり、攻撃をされたとしても、暴力を用いた抵抗はしないという原則を貫いていくという意味で、それは徹底した平和主義的運動です。しかし、現代では原理主義と聞くと、すぐに暴力と結びつけられてしまいますね。

佐々木　おそらくイスラム教の中にも、非暴力的で現代的価値観を重視する原理主義者という人たちも大勢いるのではないかと思うのですが、イスラム原理主義と言えば自爆テロだとか、ＩＳだ、というふうに変な連想が働くんですよね。

非暴力主義も原理主義

小原　そうです。しかし、現代史を振り返ると、ガンディーのような運動に加え、一九五〇―六〇年代のアメリカにおけるマーティン・ルーサー・キング・ジュニア牧師の公民権運動なども、非暴力を原理とした市民運動だと言えます。私は、宗教や理念を再活性化させるためには、原理に立ち返ることが不可避であると考えています。そのためには、原理主義という言葉をより中立的に理解することが必要だと思います。

佐々木　そうですね、今は原理主義という言葉を限定付きで使わないといけませんから、限定を付けずに語れるようにならなくてはいけませんね。で、かつ平穏な仏教にも原理主義的集団はたくさんあります。むしろ釈迦の教えに近づく分だけ、社会進出の傾向が弱くなり、攻撃性が小さくなっていくことになります。

小原　そうですね。私の理解からすると、先生が釈迦の仏教に立ち返るのは、ある種の原理主義だと思います。

佐々木　私は自分で釈迦の仏教の原理主義者だと言っていますしね。ただそれも、伝統的な聖典を頭から信じ込んで歴史的事実から顔を背けるような不合理な原理主義ではありませんが。

小原　その立場は大事で、原理に立ち返ることで、歴史を通じて積もり積もった堆積物によって見えなくなっていた最深部あるいは出発点にまで目を向けることができます。キリスト教でいうと、一六世紀の宗教改革は、まさに基本原理に立ち返ろうとしました。内々に積もり積もった堆積物の中で、教皇や教会がその時々で言うことに人々は右往左往させられ、イエスが語った大切な事柄が見えなくなってしまっていた時代です。そこで、ルターなどの宗教改革者たちは、堆積物の中から大事なのはこれだけなのだと取り出して見せたわけです。簡単に言えば、大切なのは聖書と信仰だけだということをルターらは強調して、教会の改革を目指しました。このように、立ち返るべき原理を明確に示すことによって、信仰を刷新していくような運動がある以上、宗教が持続可能であるためには、原理主義的な思想や運動を欠くことはできないと思います。

経典至上主義はなぜ間違いか

佐々木　今も言ったとおり、私は原理主義にも二つあると思います。一つは、歴史原理主義と私が言っているもので、その宗教が語る経典なり聖典なりを、絶対的なものとして一言一句、解釈せずに取る、つまり、その宗教が抱えている創作された歴史を全部そのまま受け取っていく歴史原理主義で、私はこの立場は間違いだと思っています。釈迦の場合を考えても、釈迦が説いたとされる経典も、すべてを釈迦が書いたはずがないことは、研究すればわかることです。それでも正当な原理主義を貫くためには、その中から取り出したエッセンスをコアに置いて、そこから自分の宗教的世界観を作り上げていく、私はそういう立場での原理主義者なんです。

小原　一神教の中でもその区分けができます。聖典である聖書に関して、一言一句を神の言葉として受け止める立場を逐語霊感説といいます。聖書に記された言葉の一つひとつは、人間が書いたものではなくて、神の霊感によって書かれたのだから、一切間違いがないという立場です。文字どおり信じるということですから、そこには解釈の余地がほとんどありません。神が世界を六日で創ったと聖書にあれば、文字どおり六日で世界はできたと考えます。逐語霊感説的な聖書解釈も原理主義の一部と考えてよいですが、私はこの解釈方法は間違いだと思います。

佐々木　そうだと思います。それは科学的世界観と絶対に合いませんから。

小原　そうなんです。どのような文献も人の手によって書かれていますから、そこを批判的に検証するのが学問や科学の役割だと思います。人間は自分勝手な解釈をすることがありますから、謙虚になるためにも、自己批判を含む、批判的読み方は欠かせません。とは言うものの、学問的な解釈を受け入れることができる人たちと、それを拒否する人たちとに二分されているのが現実です。

佐々木　ですから、一言で原理主義といっても、さらにそういった限定が必要になってくるんですよね。こういった点から見ても、原理主義という言葉は、あまりに多くの異なる姿勢を含み込んでしまうので、安易に使うことができません。私が「こころ教」の対立語として使う原理主義という語は、その宗教が本来主張している世界観を、科学的世界観とすり合わせることなく、そのまま保持しようと考える人たちを意味しています。そのように意味を設定することで、現代の宗教世界を「こころ教」と原理主義で二分して見ることが可能になるのです。

教団の本来の姿は原理主義

小原　そうなんです。日本の仏教の場合、「こころ教」のほうにシフトしつつある一方で、原理主義的な傾向もあるのでしょうか。

佐々木　あります。経典ごとに傾向が違いますから。『法華経』のように、原理主義的な姿勢こそが正しい釈迦の教えであるという主張をことさらに強調する経典もあります。ですから、『法華経』を信仰する教団は原理主義的な方向性が強いですね。あるいは、浄土信仰系統にしても、本当に極楽があって、阿弥陀がいるということを強く主張する集団もあります。それは「こころ教」全盛のこの時代においては非常に風変わりな教団であるというレッテルを貼られていきます。「こころ教」があまりに広がっているため、原理主義的なものはなんでも怪しい教団と位置づけられるのですが、実はそれこそが教団というものの本来の姿なのです。

小原　浄土宗や浄土真宗にとっては、浄土信仰は根本的なものだと思います。しかし、浄土を実在するものとして考えるのか、心の問題として考えるのか、立場は分かれてくるのではないでしょうか。その点について、現代の浄土真宗では、浄土の実在性や彼岸《ひがん》性についてはどう考えられているのでしょうか。

佐々木　外部から見るとあまりわからないと思いますが、浄土真宗ではよく、あなたはお西ですか、お東ですかということを耳にします。実は西と東で違うんです。

小原　浄土の考え方が違うということですか。

佐々木　そうです。お西は伝統をそのまま受け継いでいて、ご本人が信じているかどうかは別としても、宗派の教義としては極楽があり、死んだ後に阿弥陀に連れていってもらうという、本来の形が残っています。それに対し、お東は明治以降の科学的な世界観が入ってきたときに、それと整合性を図ったもので、現世において我々は往生すると主張するようになりました。つまり、一種の「こころ教」だということになりますね。

小原　お東のその考え方は、曾我《そが》量深《りょうじん》の影響を受けた結果と考えてよいのでしょうか。

佐々木　まさにその辺りから発生したものです。それが今ではお東の宗義として、一つの基本的な定点となっています。

親鸞の「極楽」はどこに？

小原　親鸞にまで立ち返れば一致していると思いますが、親鸞自身はその点についてどう語っているんでしょうか。

佐々木　そこが問題なんですが、お西にしろお東にしろ、親鸞の教えに背くわけにはいきませんから、西と東が違うということは、つまり、親鸞の言葉の解釈が違うということです。ですからお東は、親鸞聖人が書き残された教えのここに、現世において極楽往生が実現するとちゃんと書いてあるではないかと言っています。ですが、お西から見ると、極楽は死んでから行くものなんですね。ところが、最近お東の中の学者が、親鸞は現世に極楽があるとは言っていない、死んでから極楽に行くと言っているじゃないかと言い始めて、論争になっています。

小原　そのお東の学者というのは『真宗の往生論』を書かれた方ですね。

佐々木　そうです。それを書いた大谷大学の小谷信千代《おだにのぶちよ》さんは私の友人です。これからの真言大谷派（お東）の教学の行方を左右する重要な論争なので、私もしっかり見ていきたいと思っています。とはいえ、親鸞の教えそのもの、そのもととなる浄土経典から見ると、やはりちょっと変えられています。例えば、浄土経典の一つである『無量寿経』によると、極楽に行った人はそこで一旦死ななければなりません。死んで仏のいない無仏の世界へ生まれ変わり、そこで自分が仏になって皆を救ったあとに涅槃に入るんです。ですから、涅槃に入るという仏教の基本的な最終目標は、そこで実現するわけです。ところが、親鸞聖人になりますと、極楽に行ってそこで成仏してしまうわけですね。

小原　それを可能にするのが阿弥陀仏ですよね。

佐々木　仏教では、一つの世界に二人以上の釈迦は絶対に同時存在しないというのが原則ですから、親鸞の教えはそれに矛盾しています。阿弥陀がいる世界でみながどんどん仏になったら仏だらけになってしまいますし、しかもそれがゴールになりますから、別のところに生まれて自分が仏になって涅槃に入るということが吹っ飛んでしまっています。結局、極楽がゴールだということになってしまっているわけです。

小原　本来は自分自身が別の世界に生まれて仏になるということなんですね。

佐々木　そうです、極楽はそのための最初のステップにすぎないんです。

小原　しかし、日本の仏教の中ではあまりそういう理解はしませんよね。

佐々木　言わないですね。

小原　ただ、亡くなってあちらに行くというわけですね。

佐々木　そうです。きれいな花が咲いていて、鳥が鳴いているような、人間の欲望がすべて充足されるような素敵なパラダイスに行って終わりです。そのあともう一度、この世界に戻って人々を救済する、といった考えもありますが、メインの教えはあくまで極楽という素敵な世界に生まれることを目的とする、欲望の充足であって、涅槃はすっかり影を潜めてしまいます。

小原　亡くなった人のことを仏と呼ぶ、俗な言い方がありますが、それは文字どおりの意味で仏になっているということではないんですね。

佐々木　そうです。阿弥陀とともに、永遠に続く素敵な世界で暮らすというイメージを「仏になる」と呼んでいるにすぎません。

小原　それは鎌倉仏教の時代に比較的共通したことであって、それが今に至るまで引き継がれているということなんですね。

佐々木　それがさらに、近代教学では、こころの中の極楽がここに実現していると言います。ですから、同じ浄土真宗の中でも動きの違いが出てくるわけです。

キリスト教の目指す「神の国」とは

小原　なるほど。そのような歴史的変遷はキリスト教とも類似性があって、興味深いです。近代思想や社会の近代化の影響を受ける中で、仏教の近代教学は、例えば彼岸《ひがん》的なものを此岸《しがん》的に解釈しようとしたわけです。キリスト教の場合は、極楽や浄土に対応するのは神の国ですが、やはり近代以降、この社会においてこそ、それが実現されなくてはならないという主張が出てきて、アメリカや日本においても、神の国運動といったものがあります。それはまさに、この世において神の国を実現しようというものです。

佐々木　今はまだ実現していないんですか。

小原　はい、まだ実現していません。

佐々木　今から実現するということですか。

小原　そうです。簡単に実現できないことは、わかっているのですが、神の国を今生きている者たちの目標とし、その実現を目指す社会改革運動のようなものです。

佐々木　それは我々自身の力で、ということでしょうか。

小原　最終的にはメシアの力、メシアの来臨が必要だと考えるタイプも見られますが、人間の力や努力によって、神の国をこの世界において実現しようとする社会改良の思想は、近代以降強く出てきたと言えます。

佐々木　それは『法華経』の思想にも共通しますね。『法華経』はどこか別の世界に行くのではなく、この世界をより良い仏の世界にしていくことが、菩薩たる我々の務めであると考えますから、やはり政治や社会活動にコミットしていく面があります。それが良い方向に向かえばいいですが、結局は様々な思惑を持った人間が集団として行うことですから、間違う方向へ行くことはいくらでもあって、そういう場合には全体主義的な面を持ってくることもあり得ます。

小原　実際に近代仏教の場合、国策に取り込まれていったり、ひいては、戦争協力に巻き込まれていきましたね。

佐々木　そうですね、大東亜共栄圏こそが仏の世界の実現であると謳えば、大乗仏教の多くの宗派はそれに協力しますからね。

小原　そういうことにならないように、釈迦の仏教ではそもそも世俗の秩序から身を引いているということですね。

佐々木　そうです。私がエンゲージド・ブディズムに対して少し不安な気持ちを持つのは、まさにそういった点です。今はまだ平和な時代ですが、仏教の思想に基づいて世界を良くしていきましょうというと、それがとんでもない方向に向かうこともあると思うんですよね。例えば、ミャンマーのロヒンギャ問題を後ろで焚きつけているのは、まさにミャンマーの仏教界ですよね。

小原　そうですね。

佐々木　あれも結局、仏教の教えによれば、という名目で、非仏教徒を追い出すことを正当化し、非仏教徒にとってもそれが良いことだと言っているわけです。

小原　ミャンマーの場合には、仏教が自分たちのナショナル・アイデンティティの核にあるという自負心が強いわけで、そのアイデンティティの純粋性を損ないかねないロヒンギャの人々に対し、排他的・敵対的な態度を取っているのでしょう。

佐々木　実際はそうです。しかしそうは言わずに、釈迦の教えでは、と言い換えている。あれもいわば、エンゲージド・ブディズムの一つの変形だと思います。

第3章　ネットカルマという無間地獄

永遠に逃れられない苦の世界

小原　今まで現代世界の問題をいろいろ論じてきましたが、我々が近年経験した一番大きな変化の一つは、ネット環境が社会の隅々まで行き渡ってきたことだと思います。人類の歴史の中では絶えず新しい技術が現れ、社会生活に影響を与えてきましたが、インターネットについては老いも若きもみなが利用し、社会生活の隅々まで行き渡っているがゆえに、我々の精神世界にも甚大な影響を及ぼしています。この点で、インターネットは従来の技術とは違う次元を持っているのではないかと思います。私自身もこういった問題にどのように立ち向かうべきか、これまで考えてきましたが、佐々木先生が最近お書きになった『ネットカルマ　邪悪なバーチャル世界からの脱出』（角川新書、二〇一八年）という、刺激的なタイトルの本を手掛かりとして、ネット世界の問題を、仏教、あるいはキリスト教の視点から考えたいと思います。まず、ネットカルマとは何かについて、カルマの意味も含め、先生からご説明くださいますか。

佐々木　はい、少し長くなりますがご容赦ください。ネットカルマの「ネット」はインターネット、「カルマ」とは仏教でいう業《ごう》です。業という言葉をもともとのインド語で表すと、カルマとなります。カルマはクリという動詞、英語の do、make に当たる動詞からの派生語で、「行い」という意味の名詞です。その行いが倫理的なパワーを持って、善い行いをすると楽な状態が実現し、悪い行いをすると苦が来るという、倫理的因果関係のシステムのことをカルマ、業と呼ぶのです。これは仏教の基本概念で、お釈迦さまもカルマを信じていました。善い行いをして楽なところに生まれましょう、悪い行いをすると地獄に落ちますという、昔おばあちゃんが言っていたような、あれがカルマです。

仏教は、それ以前のインドの人たちが言っていたように、カルマの世界で善い行いをして、それによって幸せになりましょうとは言いません。仏教の世界観は、一切皆苦ですから、幸せなところに生まれ、快適な状態にあっても、年を取って病気になって死ぬという苦しみからは絶対に逃れられません。ですから仏教では、業そのものから脱出して、二度と生まれ変わらないような、輪廻しないような状態の実現が究極の幸福だと考えます。

業の原則の第一は、我々がやった善悪の倫理的な活動が、すべて業のシステムに記録されていくということです。そして、第二に、その活動に対して必ず結果が来るのですが、原因と結果の間にどれくらいのインターバルがあるかはまったくの不可知だという点です。輪廻世界では無限に続く生まれ変わりを考えますから、例えば悪事を働いたあと、一〇〇回生まれた後に、その悪事の報いとして地獄に落ちるかもしれないということです。そしてその原因と結果の間の順序もまったくランダムで、A、B、Cの順でやった行為の結果が、C、B、Aの順番で戻ってくることもあるということ。ですから、いつ結果が来るか本人にはまったくわかりません。必ず結果はやってくるが、それがいつ来るかはわからないということです。そして第三に、原因と結果の間に類似性がないということ。原因と結果の相似関係がありませんから、どんな形で結果が戻ってくるかをあらかじめ予測することができないのです。ですから、人を殺したので、私は誰かに殺されるというような、単純なものではありません。これが業の原則です。

釈迦はこの業に縛られて生きること自体が苦であり、この苦の世界から完全に脱出することを究極の幸せと考えて、そのためにいろいろな教えを説きました。それが仏教になっていくわけです。そして、二一世紀になってネット社会が実現したことにより、この業の原則が合理的な物理システムとして発現しつつあるというのがネットカルマです。今や、ネットの中のビッグデータとして、我々の行動のすべてが記録されつつあります。まだネットカルマをそれほど実感しないのは、ネットの中への情報の蓄積が完全ではないからです。しかし、明らかに、ドライブレコーダの発達や、あるいはＩｏＴの発達が進めば、日常の一秒ごとの私の言動が、すべて記録される時代が来るのは間違いありません。しかも、そこに認証システムの発達が加わって、誰がやったかということが必ずわかる。ここで、すべてが記録されるという業の第一原則が、そのまま成り立つわけです。

次に、そういった情報がネットの中に分散して置かれている間は問題ありませんが、それにはすべて「私」というタグがついていますから、それを利用して一挙にまとめることもできます。そうなると、私のやったことがすべて白日の下にさらされて、しかもそれがネットを通じて全世界に配信される。世界中の人がそれを見ることができる状態になりますから、ここに第二原則である、いつか必ず結果がやってくるという原則が成り立ちます。しかもその結果がどのようなかたちでやってくるかを予想することもできない。どう炎上するかもわかりませんし、ネットの中だけでその苦しみが終了すればいいですが、そのネットの情報が私の実生活を変えてしまうこともあります。結果が予《あらかじ》め予想できないということは、業の第三原則も成り立つということです。

例えば、就職しようとした際に、会社が私の名前を調べたら、過去の私のやった悪行が全部出てきてしまうということがありうるわけです。どういう結果が戻ってくるかはわかりません。こうして業の三原則がネットによって満たされることになるわけです。

本来の業は、一度結果が来るとそれですべてがチャラになります。人を殺して地獄に落ちたなら、それで業の記録は消滅し、もう一度地獄に落ちるということはありません。ところがネットの情報は結果が出ても消えません。記録が残っていますから。一度炎上して、一〇年後にまた炎上するということもあるわけで、何度結果が来るかということもわからないという恐ろしさがあります。それからもう一つは、業は自業自得と言いまして、自分以外のところにその結果が行くことはありません。ですから、親の因果が子に報うというのはまったくの間違いで、親の因果は親にしか戻らないのが業ですが、ネットカルマの場合は親の因果が子に報います。万人が見られる形で情報が永遠に残りますから、結果が来た後もその情報が消えません。そうすると、見たことも会ったこともないひい爺さんがやった行いが、今の自分の実生活に影響を与えるということもあるわけです。

例えば、ひい爺さんが盗撮をしたとすると、その情報は残りますよね。そのひい爺さんの盗撮の情報が私自身の就職や結婚の時に調べられると、それがくっついて出てくるわけです。そうすると「この人は盗撮した人のひ孫なんだ」という評価が出てくるわけで、その結果がどうなるかはわかりませんが、いずれにしてもひい爺さんの業がひ孫に報うということもありうる。

これは釈迦が想定した業よりもはるかにシビアな状態です。中国などにおいては、この認証制度で中国人すべてを区分けしていく話が進んでいます。また、そこに自動支払いシステムが関わっていますから、経済的な情報まで残ってしまう。まさにそれが実現されようとしているわけです。すると、毎日やっている行動がすべて監視されて、いつその結果がふりかかってくるのかとビクビクしながら生きる人間の閉塞感はとんでもないものになると思います。そこで、そこから逃れるためのヒントが、釈迦の教えの中にたくさんあるのではないかということを示したのが、私の『ネットカルマ』という本です。

「カルマ＝業」の厳しさを教えない日本の仏教

小原　ご説明、ありがとうございました。深めていくべきポイントがいくつもありましたので、順番に考えていきたいと思います。まずは、カルマが持つ歴史的な背景と、それが仏教に及ぼした影響についてです。その後、現代的な問題としてのネットカルマを考えていきたいと思います。先生のご説明の中では、釈迦もカルマを前提としていたということでした。釈迦の場合、カルマの仕組みから離脱することを説いたけれども、カルマそのものの実在性は否定しなかったということですね。

佐々木　そうです、これは現実社会の法則性、例えば相対性理論があるということとまったく同じ意味で、釈迦はカルマを認めていました。

小原　それを前提として釈迦の教えがありますが、後の仏教は釈迦と同じようにカルマを前提としたのか、それとも別の教えへと変容していったのかについて教えていただけますか。

佐々木　変容しています。特に大乗仏教になると、カルマの特性である自業自得のシステムが変更されていきます。なぜかというと、自業自得の業の世界では、そこから逃れる道は仏道修行しかありません。仏道修行によらず、日常的な善行をいくら行っても、良いところに生まれるばかりで、涅槃に入ることはできませんから、これでは仏道修行のハイレベルの善とはなりません。仏教で修行する場合、出家して厳しい修行を毎日おこなった結果として悟りを得るという、かなりハードな道しかありません。これを日常の善行にまで拡大できないかということで、後の時代に大乗仏教が出てきたわけです。そうすると、自分の行為の結果を、必ず自分が受けるわけではないという、業の原則の変更を認めるような思想が出てきます。日常で行う世俗の善行であっても、悟りというハイレベルの結果に結びつくということになるわけです。

これは業の方向転換です。それを回向《えこう》と言います。こうして、行為の結果をその本人が受けなければならないという、業のシステムが一旦解消されると、誰がやったものがどこに行くかを、自由自在に変容することができるようになります。例えば、極楽という素晴らしい世界は、阿弥陀様が過去に修行したそのパワーを、自分の悟りではなく極楽を作ることに回向してくださったからである、という具合です。こうして自業自得の縛りがはずれたことで、業の厳しさをほとんど実感できなくなってしまいました。ですから、日本の仏教は業という言葉は知っていても、業を身に迫るものとして受け取っていません。

小原　日々善行を積んで、悪行を減らしましょうということですね。

佐々木　そうです。まさに道徳的な倫理観だけで成り立つようになっていくわけです。

小原　そういう意味では、日本ではカルマの厳しさはかなり薄まっているわけですね。

佐々木　そうです。それで、そのカルマから逃れたいという思いがありませんから、ネットカルマの時代に適応できないいんですね。

小原　なるほど、納得しました。つまり、ネット時代のカルマに対抗するためには、先生がおっしゃっているように、釈迦の教えに立ち返るしかないということになりますね。

佐々木　そういうことです。

小原　やはりカルマの実在性や、カルマに対するリアリズムがないと、それにどう対抗するかといった発想は出てきませんね。

佐々木　はい、出てこないんです。

恐るべき監視社会の到来

小原　釈迦の時代のカルマの意味と、それが現代においてデジタルな形で再現され、場合によっては古代インドのカルマ以上の深刻さを持つかもしれないネットカルマについてお話しいただきましたが、伝統的なカルマでもネットカルマでも、人間の行為をすべて記憶するシステムのようなものを考えているわけですよね。監視社会がすでに我々の日常の一部になりつつあり、我々がやり取りしている膨大なデータも、現実にはＧＡＦＡと呼ばれる、Google、Apple、Facebook、Amazonといった少数の会社のもとで管理されています。データがずっと残り続けて、それが後にまで影響を及ぼすというインターネットの問題と合わせて、今後の監視社会に対し、どのように我々が対応していくべきかという点は、かなり深刻な問題だと思います。

佐々木　恐るべき監視社会の到来だと私は思っています。

小原　そうです。人の悪行を監視カメラが見張っているということに、我々はもはや問題を感じなくなっています。京都でも監視カメラが出始めた頃には、こんな社会は嫌だなと思いましたが、逃走途中の容疑者が監視カメラでとらえられていたというニュースを見ると、やはりあってよかったと、かえって安堵するような時代になってしまいました。

佐々木　そうなっていますね。監視カメラに対する嫌悪感は、確実に減少しています。「監視されている」という思いが、今では「見守ってもらっている」という感覚に変わってきています。

小原　今はまだ過渡期だと思いますが、我々はすでに自分の行動の自由、誰からも束縛されない自由を徹底して求めたいという気持ちよりは、人の悪行は全部もれなく監視してほしいという方に気持ちが傾きつつあると思います。

佐々木　私もそう思います。犯罪発生率は確実に下がりますよね、これから。

小原　そうですね。しかし、それは人間の根源的な自由を売り渡して得られる結果です。監視のあり方は、安全保障の問題ではありますが、人間の精神の自由や、行動の自由を考えると、宗教との接点が大いにあると思います。

佐々木　そのとおりです。その場合、キリスト教も仏教も、そういう世界ではない、精神のさらなる自由な活動こそが大事だという点で共通していると思います。

天国に行くか、地獄に行くか

小原　同感です。先ほどのカルマの説明を聞いて思ったのですが、キリスト教にも似たような考え方があって、その一つは予定説と言われるものです。宗教改革者のカルヴァンの予定説がよく知られています。ある人が救われるか、救われないか、あるいは、天国に行くか、地獄に行くかの運命は、神の意志によってあらかじめ決まっているというものです。人間はその運命を知り得ないのですが、天国に行く人には、神がその人の人生の中でも祝福を与えるはずだから、幸福な人生を送ったり、仕事においても成功するに違いないと推測して、自分が救われていることを確認するために善行に励むということも起こり得ます。善行に励んだからといって天国に行ける保証はまったくないのですが。

佐々木　結構複雑ですね。地獄に行く人はどうなっているんですか。

小原　少なくとも中世のカトリック世界では、悪いことをしたら地獄に行って、良いことをしたら天国に行くという考えが一般的でした。カルヴァンは人間の善行・悪行を前提にした来世観を否定したと言えます。予定説は、後にマックス・ウェーバーによって、初期資本主義の形成を説明するために用いられたりすることからもわかるように、単なる神学思想にとどまらない影響力を持っています。善行や悪行と、その結果を結びつけて倫理観を高めていく方法もあれば、そもそも人間は来世のことを何ら知り得ないという諦念から、逆説的に人間の禁欲的な精神を高めていくという道もあったということです。

佐々木　それは親鸞の思想に近いかもしれないですね。自分がすでに弥陀の本願に救われているという確信が、念仏という一種の善行の駆動力になるという考えです。

小原　なるほど、親鸞に近いですか。自分の行為の結果が、どのような形で返ってくるかが予測できないという意味では、予定説はカルマと似ている部分があります。カルマの現代版であるネットカルマでは、インターネットの構造的な問題や監視社会の到来という視点から自由の制限を考えることができます。キリスト教の場合、この世の縛りからの自由を大事にしてきた側面があります。自由を制限するものから、いかに逃れるかに関心を向けてきましたが、今やそれも、アメリカなどでは、きわめて危うくなりつつあります。宗教が前提とする内心の自由は、近代法の中では良心の自由や信教の自由という形で、一応保証はされていますが、インターネット上の言論空間では実質的に無効化され、内心の自由は同調圧力の中で窒息しかけています。そのような時代だからこそ、我々は精神の根源的な自由を守る必要があると思うのですが、現実にはお手上げ状態に近いです。その点について、先生はどうお考えですか。

「いいね！」は渇愛の証左

佐々木　釈迦は業の世界の中の幸福は真の幸福ではないと言いました。これは、ネットの中で我々が感じる幸福は真の幸福ではないと置き換えることができます。この一番いい例は、「いいね！」なんです。ネットの幸福は、自分がネットの中で承認されることですよね。ですが、ネットの中で承認されることが本当の幸せではない、本当の幸せはネットから離れたところにあるということです。

小原　それは大事なポイントですね。「いいね！」を求めるのは、承認欲求と言われていますが、一度、「いいね！」を押してもらってもその欲求が消えるわけではなく、もっともっとと思いますから、それは仏教でいうと渇愛ですね。

佐々木　そうです、とどまるところのない渇愛です。渇愛は、それが満たされない時は、満たされないことによって我々は苦しみますし、満たされた時は、より大きな欲求が起こってきて、まだまだ満たされていないという思いで苦しむ。渇愛こそが苦しみの元凶だと釈迦は言っています。

小原　一旦認められても、それが次の欲望を生み出して、とどまることを知りませんし、インターネットの世界は、そもそも人間のそうした欲望を駆り立てる仕組みで成り立っています。

佐々木　みながそれが幸せだというんですよね。「いいね！」をもらった時の一時の満足感を真の幸福だと思い込ませるように仕組まれているのです。

小原　人から認められるのを幸せだと感じるのは人間の基本感情であるとはいえ、それが肥大化すると、皮肉にも根源的な自由を失っていくように思います。

佐々木　これは業の世界で、天の神々やお金持ちに生まれるのが幸せだと皆が言っているのだから、それが実現できるように、たくさん良いことをしましょうと言っているのと同じです。しかしそれとはまったく別の視点から幸福のあり方を見る世界があるということを知っていることが大事だと思います。

小原　私もその視点は非常に重要だと思います。人に認められようが、認められまいが、私はここに私として存在しているのだということを、自分自身で納得できる境地が必要です。キリスト教の場合は、まず神の前に私が立っている、神によって私は祝福を受け、生かされているのだということがわかれば、他者の視線や評価を過度に意識する必要はなくなります。

佐々木　それがキリスト教の一番大事なポイントですよね。

小原　はい。これは信仰の根幹的な部分であり、同時に自由の基盤になっていると思います。インターネット社会は、他者からの承認欲求によってビジネスが成り立っているところがあり、また、人間の渇愛を駆り立てることによって、一儲けしたい人がたくさんいるわけです。その餌食になっている人たちがそこから脱出するために、釈迦の仏教は多くのことを語れると思うのですが、具体的にどうしたらいいと考えますか。

ネットから逃れるためのサンガ

佐々木　釈迦はサンガという修行者の組織を作りましたが、それを世界中に広めようとは思いませんでした。サンガには、世俗の善悪の世界に満足できない、あるいは、それを苦しみだと考える人だけを受け入れました。現代のネットの場合なら、「いいね！」によって承認欲求が満たされている人はそれでいいと思います。別にその人たちに、あなたの生活は間違っていると言う必要はありません。しかし、承認欲求を求めてやったことが逆効果になることもありえます。炎上して、ネットの中で苦しむ人はこれからますます増えてきます。そして、ネットの苦しみから逃れたいと願う人も出てくると思います。仏教の教えはそういう人にとって役に立つんです。つまり、自分がどっぷりと浸かっている価値観の世界を捨てて、まったく違う価値観の世界に入るにはどうしたらよいかというのが、釈迦の教えの基本なのです。もちろん言葉も役に立つと思いますが、もっと大事なのは、釈迦がサンガという、そのための組織を作ったということです。ですから、現代的なネットから逃れるためのサンガ組織があってもいいと思いますね。

小原　なるほど。今はネット中毒やオンラインゲーム中毒とも言える人が世界的に多くなり、症状の重い人は病院や施設に入って治療を受けているということが報告されています。私たちはインターネットを便利なものとして使っていますが、中毒的になったとしても、解毒する術を日常的な知恵としては持っていません。ですから、先生が言われたように、ネット世界から離れたところにある、救済の場としてのサンガのようなものがあればいいと思います。しかし、現実にはそう簡単に作れませんよね。

佐々木　簡単には作れませんが、毒をもって毒を制するというか、ネットを使ってその組織を作ることもありうると思いますね。

小原　なるほど、ネット上で承認欲求とは違う価値観を持つということですね。

佐々木　そうです。そういう価値観を持った人だけが作る組織で、それはネットの中にはあるけれども、ネットの価値観には従わないよという人たちだけが入っている。

小原　なるほど、それなら、できるかもしれませんね。

佐々木　ですから、業の世界の中にありながら業から脱出することを目的として暮らすサンガと同じような状態、島社会的なものですね。それがネットでできるのではないかと思っています。

小原　ただ、今の時点ではないですよね。

佐々木　今はないですね。まだ皆が本当に苦しいと思っていないからだと思います。苦しみはこれからくるんです。

小原　一部で報道されるような犠牲者はいたとしても、一般社会から見ると、まだまだ他人事のようなところがあって、本当の深刻さを捉え切れていないのかもしれません。

煩悩の箍《たが》を外してしまったネット社会

佐々木　実はネットで本当に苦しんでいる人は、声を上げることが難しいんです。私の知り合いの息子さんが盗撮して、名前も住所もネットに全部出てしまったんです。それで家族みんなが不幸になりましたが、盗撮という行為そのものが犯罪ですから、何も言えませんよね。そういうことで誰にも言えない苦しみを抱えている人はたくさんいると思います。大事なことは、ネットの中での善悪の概念を一旦無効化して、その上位に立つ善悪観で成り立つ組織を作らねばならないという点です。盗撮はネット社会の中では極悪の扱いを受けます。しかし、ネットでその報いを受けて苦しんでいる、盗撮した人たちだけが作る救済組織があってもいいわけで、その中においては、盗撮というものは確かに悪いかもしれないけれども、その傷口を一層抉るようなネットの苦しみから、互いに支え合うことでなんとか逃れようとする、そんな善悪の価値観の比重が違う組織を作らなければいけない、それが大事だと思います。

小原　盗撮は確かに犯罪行為ですが、インターネットが普及することによって、必要以上に極悪視される傾向が生じてきました。弱い立場に置かれた人を、みんなで寄ってたかって攻撃することに快楽を感じている状態は健全ではないと思います。

佐々木　きわめて悪質です。悪行に対して、それ相応の罰が与えられるというのは当然であり自然なことですが、ネットカルマの場合は、一人一人の悪行が、無数の人々の悪意・

邪念を砂鉄のように引き寄せて肥大化し、その人に過大な罰を与えることになります。ネットは、何万年もかけて人間社会が組み上げてきた、善悪のバランス感を壊してしまいました。煩悩の箍《たが》を外してしまったんです。

小原　なるほど、煩悩の箍が外れたというのは的確な表現ですね。煩悩はきわめて個人的なものでありながら、同時に人間関係や社会の影響を受けていますので、煩悩の社会的次元にも注意を向ける必要がありそうですね。

佐々木　お互いの中で折り合いをつけて、煩悩を規制しながら社会を作ってきた我々が、二一世紀になってその箍を外されてしまったんですね。煩悩の中には弱いものをいじめるというものもあって、それがそのまま、なんのハードルもなしに出てきてしまっています。そうすると失敗が許されない社会が来て、さらに、失敗した人を叱って許すという人間の知恵が働かなくなるんです。飲食店でアルバイトの子が悪ふざけをして、ネットでさんざんに叩かれるという事例がよく問題になりますが、昔ならさほど問題にもならずに許されていたと思います。あれは愚かな若気の至りであって、大人から「二度とするな」と叱られて反省し、そしてまっとうな大人に育っていったわけです。ところが、ネットの中では、その子の将来を思って、「二度とするな」とは、誰も言いません。始めから、その子の人格を否定し、困らせてやりたいという悪意の洪水ばかりが押し寄せてきます。これはまさに人間の煩悩ですね。

小原　対面的な人間関係が中心であった時代においては、対面であるということ自体が煩悩を抑えていたと思います。しかし、顔が見えない状態となり、互いに匿名化されることによって、抑えられていた煩悩が解放され、心のあり方を制御するものがなくなりつつあります。その状態において、一体何ができるでしょうか。例えば、親が子どもを教育するときに、あるいは学校で先生が生徒を指導するときに、心のあり方について教えることはできるでしょうが、おそらくそれだけでは十分ではないと思います。足りない部分を補うために、宗教の視点からも、ネット社会に向き合う作法を示すことが必要だと思います。

生きる価値はネットの外に自らつくれ!

佐々木　そうだと思います。ただ、先ほど言ったように、そういった視点はまだ未発達で、ネットカルマの報いについてもまだあまり表面化してきていません。しかし、必ず訪れるであろう一番強い報いは、あるとき匿名性が暴かれるということですね。匿名で、誰にもわからないだろうと言いたい放題言っていたものが、あるときハッカーが現れて、例えば

Twitterのアカウントがすべて実名になる。そのときに我々は初めて、自分の行為の結果が必ず来るということを、身に染みて感じるんだと思います。本来の業も、その人が地獄に落ちて、初めて業があるとわかるわけです。実は私がネットカルマを考え付いた最初のポイントは二〇一六年のパナマ文書なんです。誰にもわからないと思ったメールなどの蓄積が、たちまちにして何万人もの人の悪事を暴きましたよね、それではじめて、ネットの中での行為は、非常に怖いものだということに皆、気が付いた。ネットカルマの恐さは、実際にその害を実感してみてはじめて身に染みる。ですから、こういった事例がたくさん出てくることが必要だと私は思います。

小原　そういう意味では、WikiLeaksのような存在は、ネットカルマの中にうごめく煩悩を、浄化するような役割を担っているかもしれませんね。

佐々木　私はそう思ってます。とはいえWikiLeaksのような暴露グループ自体、悪意の上に成り立っているという点で、決して善ではありません。

小原　おっしゃるとおりだと思います。ネット世界には、正しいものはないというくらいの突き放した視点がなければ、氾濫するフェイクニュースやヘイト投稿に対し、冷静な距離を取ることはできないでしょうね。

佐々木　真の正しさ、我々の生きる価値というものは、ネットの中で形成されるものではなくて、ネットから離れたところに自分で作っていかなければなりません。

小原　ネット世界に埋没しているからこそ、その価値観に支配されてしまうのであって、それを批判的に対象化できるような自分の世界を持つことが大事ですね。

佐々木　それが、宗教が現代において果たせる、一つの大きな役割だと思います。

安息日は週に一度の出家

小原　聖書には安息日について記されており、これは現代では日曜日のような休日として受け継がれています。人間は普通に生活していると、日々の労働で疲れてしまって、大事なことを忘れてしまいがちです。ですから、ユダヤ人たちは安息日には労働を完全に中止し、聖書を共に読みながら、自分たちが今ここにいるのは、神が自分たちの先祖をエジプトから導き出してくれたからだといったことを思い起こします。そして、自分たちが何者で、そして自分たちの生活が誰によって支えられているのかという、根本的なことを繰り返し確認します。これは強制的に労働を中断しないとできません。神が命じたのだから、あなたは休まなければならないという安息日の規定は、きわめてわかりやすいです。

ところが、今のインターネット社会は、シームレスという言葉に代表されるように、いつでもどこでも四六時中つながっていますから、例えば、学校の時間と放課後の時間という、かつて存在していた切れ目がなくなってしまいました。今も昔も学校ではいろいろな問題がありましたし、いじめももちろんありました。しかし、昔は学校が終わればそこから逃げることができました。しかし現代は、二四時間ネットでつながっていますから、逃れる場がありません。

佐々木　そうですね、いじめが家までついてくるんですね。

小原　そうなんです。そして、SNSなどではすぐ反応しないと、なぜ無視したんだというようなことを言われますから、絶えず神経を使う環境に子どもたちは置かれていると思います。もちろん、ネット上のつながりによって互いに助け合える部分もありますが、同時に、つながりが人の自由を縛り、微妙な気遣いばかりして、自分が本当にやりたいことを自由気ままにやるというような、そういう場がどんどん蝕まれているような気がします。佐々木先生が『出家的人生のすすめ』(集英社新書、二〇一五年)などで書かれているような、好きなことをとことんやる、ということが、今できなくなってきているのではないでしょうか。

佐々木　今お聞きしてわかりましたが、安息日と釈迦が言う出家は非常に似たもので、いわゆるシームレスでどうにもならない世界の中に、自分の意志で空白を作り身を置くということですよね。安息日は週に一回出家しているようなものです。

小原　そうですね。安息日を週一の出家と考える視点は面白いです。出家は空間的な脱出の意味合いが、また、安息日は時間的な脱出の意味合いが強いですが、両者には明らかに共通点がありますね。

佐々木　それで、シームレスなネットが我々を圧迫している時代が来るのであれば、ネットの悪意が及ばない世界を人為的に作る必要があると思います。ネットで生きることが辛くない人は入らなくていいけれども、例えばいじめが追いかけてくるような子どもたちを受け入れて、ネットから完全に切れている状態を作る。しかし、一人だけで切れていると孤独感にさいなまれますから、ある程度の集団にして、お互いに励まし合いながらネットから離れることは可能だと思います。

子どもたちに「出家アプリ」を！

小原　そういう集団作りはこれから必要になりそうですね。ネットから離れて、別の安全な組織に身を寄せることも可能ですが、特定の組織に属さずとも、この私は私自身の人生を生きているんだという実感や自尊感情を持つことができればいいと思います。しかし今は、それが簡単ではなくなっています。デジタル・ネイティブと言われている今の子どもたちからすると、生まれた時からIT環境があって、友だち付き合いも基本的にはネットを介して成り立つものですから、そこから一歩身を引くことは、自発的には経験できませんよね。

佐々木　それは大人が与えなくてはいけないと思います。

小原　同感です。子どもたちがネットというものを外から対象化できる、別の世界を持つことができるように、教育などを通じて様々な工夫をすべきだと思います。

佐々木　絶対必要だと思いますね。ネットというシステム全体を客観的に俯瞰して、それを自分の生き方の中に正しく組み込むことのできる知性の教育です。

小原　しかし、現実にはそうした責任を負うべき大人も、ネット世界に取り込まれているという現実がありますし、簡単ではないでしょう。文科省をはじめ、教育界では、子どもたちからスマホを取り上げるべきか、持たせるべきかとかいう議論をしていますが、こういった小手先の話では済まないでしょう。

佐々木　アプリ会社に対する一つの提案で、一切のネットがつながらなくなるようなアプリがあったらいいなと思っています。それを一旦採用すると、本人がいくら元に戻したくても、例えば一日三時間は絶対につながらなくなる、いわば出家アプリですね。仕事をしていても、ネットがつながっているといろいろな雑音が入ってきて、全然集中できませんよね。昔はできた仕事が、だんだんできなくなりつつあります。

小原　本当にそうですね。原稿を書いていても、同じパソコンでメールを読んだり、ネットを見ることができるとなると、どうしても集中力がそがれてしまいます。

佐々木　あれこれやってしまうんですよね。

小原　ここまで書いたし、ちょっと休憩しようかということでネットサーフィンなどしてしまうと、一気に関心がそっちに向いて、元に戻るのが難しくなります。

佐々木　我々みたいに煩悩まみれの人間ではそれに対抗できないから、アプリに切ってもらいたいなと思います。仏教は本来、自力で心の中の煩悩を断ち切ることが目標なのですから、意志の強い人なら一人だけで悟ることもできるはずです。その代表格が釈迦ですね。しかし、普通の人間にはそんな強い意志は具《そな》わっていない。一人でやろうとしても心はすぐになまけてしまうのです。それで釈迦は、サンガという集団生活の組織を作って、皆で励まし合って修行の道を進んでいけるようにしました。意志の弱い我々が、誘惑から逃れるためには、なんらかの外的強制力も必要だということです。

小原　出家アプリも面白そうですが、そもそも、出家がなぜ必要なのかを理解する必要がありますね。先生が言われるような出家が持つ意義は、おそらく日本の仏教伝統からは容易に理解できないと思います。多くの日本仏教では、サンガや出家という観念が希薄なので、仏教徒であっても、その重要性を広く共有することができていないと思います。

佐々木　出家は本来こういうものだということだけは、いろいろな方に知ってもらいたいと思っています。

出家的人生とは何か

小原　ある特定の場所からの脱出は、おそらく仏教だけでなく、多くの宗教が持っている共通の経験だと思います。つまり、我々は洋の東西を問わず、日常の様々なことにとらわれますから、そこで生きている限り、なかなか大切なことに立ち返ることができません。しかし、そこから脱出することによって真理を探究したり、新しい道へ行くというようなことは、これまでもなされてきました。キリスト教の場合、仏教の出家とは少し違うかもしれませんが、修道院制度があったり、時間的な脱出としての安息日、日曜日があったりすることで、この世から脱することが、人を人たらしめるという認識があると思います。

　しかし、その部分が今、IT技術によって急速に蝕まれているのも事実です。こうした課題を目の前にしたとき、仏教的な文脈で言えば、出家の奥深さを知るべきだと思います。佐々木先生の理解では、釈迦の仏教における出家は、家を捨ててサンガに帰属し、そこでのルールに従うということですが、同時に、出家は必ずしも僧侶になるということではなく、普段の社会生活をしながら出家的人生を送ることができるとも、『出家的人生のすすめ』などの中で述べられています。その点について説明をしていただけますか。

佐々木　出家の基本は、世俗とは異なる価値観の追求から始まるわけですから、脱出願望を持っている人が出家するわけですが、一人きりで脱出する場合は、世捨て人になるか、あるいは自死を選ばざるを得なくなる。ところが、同じような志向を持っている人がたま出会って協同生活を送ることができるなら、その仲間と一緒に、一般社会の中で暮らしを続けながらも、価値観は自分たち独自のものを保持するという生き方が可能になります。これが出家です。一〇〇パーセント出家して、独自の価値観をひたすら追求する道に入った場合は、世俗の生活法をすべて放棄し、生産活動もしないということになりますから、自分で食べていくことができなくなる。その場合、生きるための食料や資財を一般社会から、何らかのかたちで入手しなければならないわけです。

そしてこの「何らかの」というところが大事で、どんな形で資財を入手するかによって、その組織が健全か邪悪かが決まります。一番健全なのは、外部社会に一切ストレスをかけずに、社会から容認されながら暮らすという、これが釈迦が選んだ道で、一般社会からの布施によって生きるということです。逆に、社会から富を収奪することによって自立しようと考えると、社会を敵に回すことになり、次第に圧迫され、最終的に消滅します。これがオウム真理教ですね。社会から容認され、お布施として食べ物や日用品をもらうためには、社会から認められる生活をしなくてはいけませんから、出家者には当然、社会的信用を保持するための生活規範が絶対に必要になります。ですから出家者は、価値観は社会からまったく切り離されているのですが、その一方で、社会に依存して生きるというあり方を継続するためには、きわめて密接に社会とつながりながら、社会的に正しく生きることが必要となってきます。それができて初めて、自分のやりたいことを徹底的に追求してやり続ける生活が、実現するわけです。

小原　そうですね、自分のやりたいことを徹底してやるというところに、初めて自由が生まれると思います。それができずに、集団に帰属してようやく自分が成り立つようだと、結局、ネットカルマの呪縛からは逃れられないですね。

佐々木　今のは一〇〇パーセント出家した場合ですが、ほかにも様々な比率での出家というものがあり得ます。たとえばそれが七日に一度の安息日ならば、七分の一出家するわけですよね。自分で、その比率を決めておけば、社会生活を完全に放棄した出家でなくとも、家族を持ちながらの出家も可能です。自分のやりたいことについては、仏教の場合は宗教的な修行ですが、別に宗教的なものでなくても、自分の好きなことをやればいいということになるわけですね。それが出家的生活というものです。

正しく見るためには、我を殺せ

小原　出家的生活について、よくわかりました。出家的生活ができれば、ネット環境の外に自分自身の世界を持つこともできますね。今までインターネットやITがもたらす社会問題について話してきましたが、現実の我々の社会には、新しい技術によってもたらされた新しい問題だけではなく、昔からあるけれども、なかなか解決できずに引き継がれてきた問題もたくさんあります。先生が挙げられたオウム真理教にまつわる問題はその一つです。二〇一八年、地下鉄サリン事件に関連した人たちが死刑執行されたことで、改めて死刑制度の問題が取り上げられました。また、原発やその再稼働の問題も、継続して議論されています。また、新型出生前診断のような先端医療技術がもたらす、生命倫理に関わる問題もあります。ただし、仏教の場合には、先生がすでに話されたように、社会問題にとらわれず、むしろ社会が求めている善悪を超えたところに、別の善の次元を持っているということでした。社会的な問題には直接関わらないのが、釈迦の仏教の立場だと思います。他方、現代の仏教の中には、精力的に社会活動をしているものもあります。佐々木先生の目から見て、基本的には関わる必要はないけれども、こういう問題に対しては、仏教者が積極的に関わるべきだというものはありますか。

佐々木　社会に問題が起こった場合、一番大事なことは、事実を正しく見て、それに基づいた判断を下すことですが、これはまさに仏教の基本です。諸行無常・諸法無我という仏教の旗印は、人々が皆、欲望のせいで、諸行は常であり、諸法に我があると思い込んでいるその誤った世界観を、自分の欲望を取り除くことで消したときに、はじめて見えてくる真実の姿です。ですから、社会の問題の一つ一つにコミットするのではなく、社会の問題を扱うときの人間の姿勢について、仏教から発言することはできます。正しく見るためには、我欲、我見を消せということです。人はみんな自分を優先して考えますが、それを取り除いたときに真実が見えて、それによる判断こそが正しい判断になるということです。

小原　我々が世界を見るといっても、様々なバイアスがかかっていますから、そういうことを自覚したうえで、より中立的な形で世界をありのままに見るというのが、仏教の世界の見方ということですね。

佐々木　そうです。ですから、世俗の人たち皆が良いと言っていることに対して、常に疑問を持つんです。

小原　その点は大事ですね。冒頭で私が話した、信仰と疑いを共に持つべきだというのも、その点に関係しそうです。疑いの目を持つことは、きわめて仏教的なものの見方だということですね。

佐々木　そうです。ですが、それによって、ある特定の事例にどちらかの答えが出るわけではありません。例えば、死刑制度をどうするかということに関しては、仏教からは発言できません。しかし、死刑制度の是非を考える場合に、どのような視点で判断を下せばよいかという姿勢は提言できるということです。

小原　しかし、仏教の不殺生という考え方は、死刑制度と深く関係すると思うのですが、いかがでしょうか。

佐々木　死刑という制度が殺生にあたることは間違いありません。しかしそれは、多くの人たちの利害、幸・不幸が複雑にからみあった結果として成立している社会制度なので、仏教が示す個人的倫理観で割り切って判断することのできない問題です。仏教は、一人でも不幸になるような問題には口を出さない、そして社会的問題の判断は、その社会にまかせる、という立場に立つのです。例えば、死刑制度がなくなることによって、不幸になる人もたくさんいますよね。

小原　被害者やその関係者の方ですか。

佐々木　そうです。被害者や、被害者の家族ですね。そういう人たちは、周囲が死刑制度に反対することによって、より強い苦しみを受けることになる。他者に苦しみを与える行為は必ず業を作ります。ですから、死刑制度の是非に口を出すということそのものが、釈迦の教えからの逸脱なのです。

小原　世俗における善悪の価値判断から離れるということですね、

佐々木　そうです。無責任に見えますが、仏教は本質的にそういう無責任性を自分で背負う宗教です。

小原　なるほど、そこはかなり大事な特徴ですね。無責任性を自覚して背負うというのは、普通できませんからね。

佐々木　ですから、そこは覚悟が必要です。出家というのはもともと、社会的責任を放棄する代わりに、一般社会での喜びや悦楽をすべて諦め、社会の寄生者となって生きていくことを自ら選択する、覚悟の行為なのです。もちろん今の日本仏教はそういう覚悟をすっかり見失っているようですが。

死と全面的に関わる仏教へ

小原　とはいえ、やはり人が生まれ老いて病にかかり死ぬという実相を、仏教は見ていくわけですから、人の生き死にの部分に関心を向けますよね。たとえば、終末期医療や、自死の問題などに正面から向き合おうとすると、人々は多くの苦を抱えざるを得ません。それに対して、仏教はどのように関わっていくのでしょうか。

佐々木　それこそ、仏教が一番にやるべき仕事です。社会を変えるとか、そういうことではなく、一人一人の生き死にの問題に、仏教は全面的に関わっていかなくてはならないと思っています。誰一人不幸にしないという原則を守りながら、仏教に何ができるか、と問うなら、まさに答えはそこにあります。ですから、お坊さんのやるべき仕事は、まさに、自死の防止と終末医療だと思っています。

小原　やはりそうなんですね。いずれも新しい動きが、日本でも出てきていますので、今後の展開におのずと関心が向きます。キリスト教での看取りやホスピスケアを考えると、病院にチャプレンというトレーニングされた牧師や司祭がいて、その人が悩みを受け止めて対応していくという仕組みが、かなりきちんとできています。欧米の大きい病院には、チャプレンがいることが多いです。しかし、仏教の場合、しばしば葬式仏教と揶揄されているように、死んで初めてお坊さんの登場みたいなところがありますよね。ですから、お坊さんが袈裟などを着て病院に行くと、縁起が悪いと受け取られてしまうのが現実だと思います。しかし、本当に死の問題に向き合おうとすると、お坊さんが終末期においても、病床に訪ねていけるような状況が望ましいですね。

佐々木　もちろんそうです。タイやスリランカでは、お坊さんが病院に行ったらみんな大歓迎します。そもそも、お坊さんはお葬式の取り仕切り役ではありません。お坊さんは、お葬式で人々に善行を積ませるための触媒として行くんです。お坊さんは人並みはずれた立派な生活を毎日送っていると、たとえ建前であるにしろ、そう信じられていますから、そのお坊さんにお布施をすると、リターンは他の人に布施した場合よりも大きくて、そのリターンを故人に回すことができるので、お坊さんが来てくれることによって、故人が幸せになると考えます。お坊さんは、布施の受け取り手としてお葬式に呼ばれるのです。ですから、お坊さんは結婚式にも行きますし、病院にも行きます。病院に来たお坊さんにお布施をすると、その果報で病気が治るわけですから、それは嬉しいことなんですね。

小原　つまり、お坊さんは善行を積ませる触媒として、社会から認知されているということですね。

佐々木　そうです。日本の場合はお葬式の主役だと考えられているところが問題なんですね。

小原　確かにそうですね。タイやスリランカのように、他の場面でも主役を務めていればよいのですが、日本ではお葬式とお坊さんが直結してしまっています。

佐々木　お葬式になると登場する人というイメージがありますから。

小原　病院などで歓迎されるためには、お坊さんに対する全面的なリスペクトが不可欠ですね。

佐々木　そうです。日本ではお坊さんの生活そのものに対するリスペクトがありません。

逆に言うとリスペクトされるような生活をしていないからですよね。

小原　それはなかなか厳しいお言葉ですが、その印象を変えていくためには、できるところから改善の努力を始めていくしかありませんね。

佐々木　そうですね、努力することは大事だと思っています。例えば、我々が尊敬している良寛さんが病院の枕元に来てくれたら、みんな喜ぶと思いますね。誰も良寛さんを死神の使いのようには見ないでしょう。徳の高い立派な人として歓迎するはずです。それが本来のお坊さんのあるべき姿です。

小原　お坊さんがお葬式を取り仕切るようになったのは、江戸時代以降のことだと思いますが、檀家制度の確立の中で、それが定着していったと考えてよろしいでしょうか。

佐々木　そうです。寺は戸籍の担当者の役割も担いましたから、戸籍は人が死んだときに記録するものということもあって、死と密接に結びついてしまったんですね。

宗教と宗教をつなぐ教育こそ大事

小原　今まで話してきた、人の生き死にの問題をはじめ、宗教が関わることのできる社会的課題は他にもあると思います。しかし、多様な形で関わっていくためには、宗教の専門家や宗教者だけではなく、宗教的な世界観を応用して、物事を新しい視点で考えることのできる人々がいた方がよいと思います。それが結果としてネットカルマの予防にもなるでしょうし、自らの世界観のバイアスを冷静に自覚しながら、物事を少しでも客観的に見ることのできる人を増やすことにつながると思います。そうした人を育む場の一つが、花園大学や同志社大学のような宗教系の学校だと言えます。本来であれば、お寺や教会に来てくれればよいのですが、今はなかなかそうはいきません。お寺に来なくても、教会に来なくても、宗教を背景とする建学の精神を持った学校で仏教やキリスト教などを学ぶことは、制度的に可能です。そして、学問的なアプローチによって、特定宗教に依存することから生じるバイアスを意識することもできますし、それを視野の拡大に生かすこともできるのではないかと思います。

佐々木　まったくそのとおりだと思います。宗教の本質を正しく見定めるための目を養うことのできる場が、宗教系大学だと思っています。それは、布教のためではなく、宗教の意味を自力で考えるための教育機関でなければなりません。ただそうは言っても、大学ごとに宗門を背負っていますから、その宗派の教えでないことは言いづらいし、また、その宗派の跡継ぎになるような学生が来るわけですから、そういう意味では非常に偏った宗教教育しかできないです。ですから、小原先生がお作りになったK-GURSのように、大学間を結んだ形での総合的な宗教教育は、非常に理想的な形だと思います。

小原　今先生が言われた、偏った宗教教育ということが私の懸念にありましたので、それを少しでもオープンにして相互交流できる仕組みとして、京都・宗教系大学院連合（K-GURS）を作るべきだと考えた次第です。二〇〇五年に設立されましたから、もう一五年近い歴史がありますね。京都という、宗教伝統に関して非常にリッチな場所に、宗教系の学校がいくつもあるのに、かつて、お互いの交流はほとんどありませんでした。自転車で行けるような近い距離にありながら。それを本当にもったいないと思いました。

佐々木　こんなところ、世界にないですよね。

小原　そうなんですよね。ある一つの角度から仏教を見てしまうと、それがあたかも仏教全体のように見えてしまって、釈迦の仏教までたどり着くことができません。それが、日本の宗門中心の仏教のあり方の一つの弱点だと思います。一つひとつの宗門が立派すぎて、その伝統の壁に阻まれてしまい、おのずと他に目を向けなくなります。あるいは自分たちの宗門中心に歴史を理解すると、本来仏教が持っている、豊饒なリソースやその多様性に関心が向かないということにもなります。それは仏教の外部にいる私の目から見ても、とてもったいないことです。ですから、京都のように、互いに近くに宗門がある特別な場所においては、将来を担う若い人たちに、相互に学び合ってほしいという思いが、私の中に長年ありました。

佐々木　特定の宗教を相手に押し付けるとか、その信者にしようという思いではなく、その宗教の根底にあるものの見方、世界観を紹介する立場での教育が必要だと思います。私はこれを義務教育にも取り入れるべきだと思っていますが、日本は戦後、すっかり宗教アレルギーですから、公立の学校では絶対宗教に触れるなと言われます。そのために宗教の中に含まれている現代的な効用や、必要な視点がまったく伝わらず、実学として世俗の中で役に立つものを良しとするような価値観になっています。世界の多くの人が宗教的信条をベースにして生きているということも理解できないから、世界情勢を見通す力も身につかない。宗教アレルギーのせいで、日本人はずいぶん視野の狭い民族になってしまったのではないかと思っています。

小原　確かに、先生がおっしゃるように、花園大学や同志社などの宗教系の学校だけではなく、公立学校で基本的な知識、宗教リテラシーのようなものを教えることができれば、ものの見方は変わると思います。しかし、実際に義務教育で教えられているのは、聖徳太子が十七条憲法を作りました、といった淡々とした歴史的事実だけで、宗教が持つ独特な世界観に立ち入ることはできていません。

佐々木 そうですね、仏教を教えるといっても、単なる表面的歴史を教えるだけで、一番大切な世界観は何も言わない。「宗教はあぶないからさわるな」と言っている感がありま す。

小原 人物と出来事を紹介する程度であって、仏教の教えについて学校で学ぶ機会はありません。すぐ近くにあるお宝を見過ごしているようなものです。教育基本法の中には、宗教的な情操が大事だという文言はありますが、それを実現する仕組みはありません。むしろ、佐々木先生が言われるように、宗教アレルギーの方が、戦後社会においては強く存在してきました。また、公立学校で先生が宗教について話すことは、政教分離の名のもとにご法度とされます。しかし、日本が持つ宗教的なリソースを生かすためには、できれば義務教育で、そういうものを伝えることができればと思いますね。

佐々木 宗教的な話はすべて布教で、人に押し付けようとしているものだとみんな思い込んでいますが、そうではないということを知ってもらいたいですね。

小原 しかし、自分の宗教的信念を押しつけてしまう先生がいるかもしれませんから、そうならないような制度を作る必要があると思います。

佐々木　それはネットを使うといいと思います。つまり、遠隔授業で一人の人が授業すれば、そこにばらつきが出ませんよね。そういう形で広めたらいいと思います。

小原　そうですね、今の時代は、それができますね。

佐々木　ええ、内容をちゃんとチェックしてね。

小原　教室での授業では、教師の力量の差が大きいですから、授業内容の質保証ができるような仕組みは必要でしょう。

佐々木　無定見にそういう授業を設定すると、どこかの宗派のお坊さんが行って、自分たちの宗派を持ち上げるような話をすることになるでしょうから、ひどいことになるでしょうね。

小原　授業の質がバラバラなのも問題ですが、授業で宗派の宣伝ばかりされてしまうと逆効果なので、宗教学的な中立性を意識して話をしてくれるような先生が必要となります。質の高い授業を動画で配信することが今は可能なので、方法としては、それがよいかもしれません。私もYouTubeで授業や講演の動画をアップしていますが、見てくださる方は少なからずいますので、動画の効用はわかります。

佐々木　そうですね。ただ最近の宗教学者の言うことも、自分が考えたわけでもない、他人の言説ばかり引用してつぎはぎで語る人が多いので信用できませんけどね。

第4章　聖書の教えに背を向けるキリスト教

進化論と文献学に挟撃されたキリスト教

佐々木　キリスト教を学問対象として研究することと、キリスト教の信者であるということと、どういうつながりがありますか。例えば私の場合、仏教の文献を研究するということは、文献を分析し、解体することです。そうすると、それによって、今まで真理だと思っていたものの一部から、そうでないものがぽろぽろと剝がれていくような状況になります。ですから、その学問を続けていくと、結局は信仰の対象である聖典を破壊していくことになるんですが、そこについてはどう納得されているんでしょうか。

小原　仏教における文献研究と似たような事情がキリスト教にもあります。具体的に言うと、一九世紀にドイツなどを中心として近代文献批評学が発展しました。これは、聖書を神の言葉としてではなく、古代世界において書かれた古典文献として、学問の俎上にあげていくものです。キリスト教は旧約聖書と新約聖書を正典としていますが、旧約聖書の創世記、出エジプト記、レビ記、民数記、申命記は一番大事なものとして、モーセ五書と呼ばれており、これは長らくモーセが書いたものであると考えられてきました。ところが、文献学的に見ていくと、モーセが書いたものではなく、伝承された様々な文献が集められたものであることがわかってきました。新約聖書でも、パウロが書いたと考えられていた手紙が、実はパウロが書いたものではないことが明らかになってきました。結果的に、教会の中では聖書は神の言葉であるという側面が維持されつつも、学問の世界では聖書の神聖性がどんどん剝ぎとられていくことになりました。

このような近代文献批評学は、ヨーロッパ、特にドイツで発達し、一九世紀の後半にアメリカにもたらされますが、文献批評学を含む、モダニズム（近代思想）はキリスト教社会に大きなインパクトを与えました。モダニズムの中でも、とりわけ強力であったのが、ダーウィンの進化論です。進化論と文献批評学というモダニズムの両翼から、アメリカのキリスト教社会は大きな衝撃を受け、そのリアクションとして原理主義が生じたわけです。原理主義者たちは、ダーウィンが何と言おうが、文献学者が何と言おうが、自分たちは聖書に立脚することを、誇らしげに宣言しました。仏教における文献の取り扱いについても、似たような状況があるのではないでしょうか。

佐々木　大乗仏教については、江戸時代の後期に富永仲基《とみながなかもと》が、大乗の経典は釈迦の教えではないということを、初めて文献学的に言いました。それに対しては大変な批判が巻き起こり、富永が早死にすると、あいつはバチが当たって業病で死んだとまで言われたんです。

ところが、明治に入ると、西洋仏教学との出会いによって、富永の説が裏打ちされてしまうわけですね。言ってみれば、これはダーウィンの進化論によって、キリスト教文献学が裏打ちされるのと同じようなことです。否応のない事実が現れたことで、客観的学問の結果が証明されてしまったわけです。そうすると、大乗経典を信仰し、それこそが釈迦の教えだと言ってきた日本の仏教界は困ったわけです。それでどうしたかというと、我々は何を言われても大乗仏教の絶対的信者としてやっていくんだという人たちと、もう一つ、大乗の経典が言っていることを文字通りに解釈するのではなく、近代的科学思想の中でも成り立つような形で読めばよいのだ、と言って経典の解釈を変えて受け入れようとする方法、この二つになっていったわけです。ですが、いずれにしても学問が進むことによって、どちらの立場もだんだん弱くなっていくんですね。そういう意味では、学問が発達することによって、信仰の対象である大乗経典の権威は、明らかに落ちつつあります。それは、ひいては今の仏教の衰退という問題にもつながっているところがあります。キリスト教もそうではないですか。

小原　そうですね。社会が近代思想の影響を受ける中で、自然現象を含め、世の中の出来事の原因や仕組みを説得力を持って教える科学に信頼を置くようになりますので、かつてほど宗教に依存しなくても済むようになってきたわけです。ですから、悪く言えば宗教は衰退していると言えますし、中立的に言えば、宗教以外の選択肢が増えてきたという言い方もできるかもしれません。

辺境の宗教としての日本仏教

佐々木　少し別の見方をすると、宗教というものの存在意義が、生きるために必要な糧であったとすれば、今それに代わるものがあるとしたら、それもまた宗教だと言ってもいいわけですよね。

小原　それは、例えば科学とか、現代の代替物をお考えでしょうか。

佐々木　イデオロギーや、あるいは社会構造ですね。これこそが我々を幸せにしてくれる状況だという、安心を得るベースです。それぞれの宗教の教義の根拠が薄らぐ中、悪く言えば、科学的思想がそれらを駆逐するような形になっている、そういう時代において、人は従来の宗教に代わる生活規範を必要としている。それがイデオロギーや、あるいは環境保護などの社会運動だと考えています。

小原　宗教の伝統的な教義が揺らぐ中で、それを補ったり、あるいは、それに代わる信頼の構造を求めようとするのは近代以降の特徴だと言えます。明治期に仏教の学僧がヨーロッパに行って、そこでヨーロッパの仏教研究という、当時の日本にはなかったものに出会いました。私自身、ドイツに留学した時に図書館で長年の仏教研究の蓄積を見る機会がありましたが、東洋学の一部として収集されてきた文献や翻訳の膨大さに驚きました。一九世紀の頃から、当時の最先端の文献学の知見を用いて、資料の整理をコツコツやってきたわけです。

佐々木　ベースは聖書学でしょうね。

小原　そう思います。聖書を学問的俎上に上げる中で形成された近代文献学において、仏典の研究もなされていました。そこにやって来た日本の学僧たちは、まったく新しい仏教の理解の仕方に出会って、ショックを受けたと思います。日本の仏教は数ある仏教の中でも、最も高度に発達した仏教だという、そういう考えが当時はまだ強くあったと思います。ところがヨーロッパへ行ってみたら、日本仏教はむしろ本来の仏教とは異なる、そこから離れた派生物のような扱いをされていたわけですから、彼らは二重のショックを受けたと思いますね。ヨーロッパでは、サンスクリットやパーリ語で書かれた仏典に基づいた仏教こそが本来の仏教だという理解がありましたから、日本の仏教は外れ物のような扱いを受けていました。それにショックを受けて、どのように対応すべきかを考える中で、仏教の近代教学が始まってきたのだと思います。

佐々木　日本の仏教界は、明治時代になって初めて、大昔の本来の仏教に出会ってショックを受けたわけですね。

小原　そういうことになりますね。大きく揺らいだ自信を取り戻すためにも近代教学は必要でした。

佐々木　自分たちが信じていた仏教はオリジナルではなかったということに気がついて、それで軌道修正しようとするわけなんですが、それがなかなかいまだにうまくいかないんですね。

小原　しかし、ショックを伴ったとはいえ、近代において仏教のオリジナル、釈迦の教えに近いものに再会できたのは、仏教とは何かを広い視野から考える上で、大いに助けになったのではないかと思います。

鈴木大拙と日本的霊性

佐々木　それを一番肌で感じたのは、僧侶ではなく、仏教学者自身ですね。ですから、仏教学者の中から初めて、パーリ仏教や南方仏教を認めるような、友松円諦《えんたい》のような方が出てきたんです。それが、中村元へと収束していったような形ですね。

小原　中村元までいく途中に、鈴木大拙《だいせつ》のような人物を位置づけることも可能でしょう。彼もまた、内外からのショックを感じながら、日本仏教を再構成しようとしました。

佐々木　鈴木大拙だけではなく、京都学派もある意味でそういうところにあると思います。京都学派のベースは、やはり日本仏教をベースにした東洋思想というところがあるのではないでしょうか。そういう意味では、自分たちのアイデンティティを確立するために、再構築をしなくてはならないという、強い危機感があったと思います。

小原　西洋思想に席捲される時代に入っていく中で、日本には独特の思想があるのだ、ユニークな仏教思想があるのだと言われると、自信を回復させてくれますよね。

佐々木　ただ、それは明治期に出会ったヨーロッパ経由の仏教ではなく、従来の日本の大乗仏教経典が含んでいたものを、再評価しようという動きなんですね。ですから、あくまで彼らのベースは日本仏教なんです。それが、例えば鈴木大拙の日本的霊性などにローカライズされていくんですね。日本独自のものなんだぞという意味付けだと思います。最近、それがまたクローズアップされていると思うんですけれども、やはり本質において、鈴木大拙の考え方は思想にまでは至っていなくて、思想を作るためのフォームだと思います。つまり、フォームですから、概念規定はされておらず、形式だけがある。そこへ、読み手が自分の思っているものを入れると、自動的にいろいろなことがうまく行くようになっている、数学の方程式のようなものだと思うんです。ですから、例えばそこに阿弥陀を入れるとちゃんと形になりますし、例えばスウェーデンボルグを入れれば霊界が出てくるというように、何を入れても答えが出てくるようになっているのが、鈴木大拙の言説の本質だと思います。だからこそ非常に受け入れられやすいと思うんですが、絶対にその大拙の言説と合わないのが、皮肉にも釈迦の教えですよね。そういったフォームは絶対的に存在しないと言っているのが釈迦の教えですから。

小原　諸行無常ですから、フォームは否定されますね。

佐々木　各自が感じている絶対的なものを代入すればそれぞれにちゃんと答えが出てくるんですが、釈迦の仏教は絶対的なものはないと言うのですから、そのフォームそのものを否定しているわけです。そういう意味では、鈴木大拙と釈迦はまったくの対極にあるわけですが、その大拙教が近年受けるものですから、それもある意味では、一つの宗教の形だろうと思います。

小原　時代の要請に応えたということですね。

佐々木　そういうことです。

明治に起こった「仏教vs.キリスト教」

小原　明治時代の宗教事情について少し触れると、仏教とキリスト教の関係の初期設定は、仏教vs.キリスト教であったと思います。つまり、明治の初めに神仏分離がなされ、それに連動して廃仏毀釈《はいぶつきしやく》があって、仏教は神道中心の国策から大きなダメージを受けました。そこから起死回生を図るために、自分たちの存在意義を示す必要があります。仏教の存在意義の一つが、侵入するキリスト教に対する良き防波堤となるということでした。

京都の話をしますと、神戸や大阪には比較的キリスト教が入りやすく、宣教師たちも活動しやすかったのに対して、京都は非常に保守的で、仏教が強かったので、簡単に入ることができませんでした。一八七五年に同志社大学の前身である同志社英学校が設立されましたが、当時、仏教界を中心に強い反対運動が起こりました。京都の中心に耶蘇の学校を作るなど、けしからん、というわけです。こうした歴史を振り返ると、仏教とキリスト教の出会いは、まず、対立という関係から始まったように思います。その頃の仏教は、キリスト教から何かを学ぶといった気持ちはほとんどなく、どうすればやっつけることができるか、追い出すことができるか、といったことに力を注いでいたと言えるでしょう。

佐々木　なるほど、同志社大学が京都にあるということには深い歴史的背景があるわけですね。仏教がキリスト教を敵対視したからと言って、仏教とキリスト教が違う思想だということにはなりません。むしろ、よく似た教えだと思ったからこそ、排斥したとも考えられます。というのも、教団の勢力争いという視点から見れば、似ているから排斥するということも十分あるわけですから。仏教側としては、檀家制度によって成り立っていた経済的な基盤が、キリスト教によって破壊されることに大変な危機感を覚えたんだと思います。そのときは既に廃仏毀釈を経ていますから、神道にやられたと思っていたら、同じようにキリスト教にもやられるのではないかと思ったんでしょうね。ですから、組織防衛のような側面があったのだと思いますが、果たして思想的に、あるいは宗教理念としてキリスト教を排斥したのかどうか、そこまで真面目にやっていたかどうかはわかりません。

小原　思想のレベルでやるのなら、江戸時代のキリシタン論駁書のように、相手を徹底して研究する必要がありますからね。しかし、明治初期に仏教側でそのような研究をした様子はありません。断片的に伝わってくる情報を元に、だからキリスト教は駄目なのだと言っていたんでしょうね。

日本仏教、万国宗教会議でキリスト教と出会う

小原　時代が進む中で、結局、どの宗教も国家の中に組み込まれていき、国に仕えるためには、互いに仲良く協力しなさいというようなことになっていきましたから、当初の軋轢は徐々に減っていったことでしょう。キリスト教が敵視された太平洋戦争の時代には軋轢が再燃したこともありましたが。日本の近代史において、仏教が学問的な関心を持って、冷静にキリスト教に向き合おうとした最初の時期はいつ頃だと思われますか。

佐々木　おそらく、一八九三年にシカゴで開催された万国宗教会議が、一つの契機になっていると思います。あのときは、キリスト教世界の中に仏教が入り込む形で参加したわけですから、その中で自分たちの正統性を実証するには、仏教教団の勢力争いを離れて仏教全体として理論武装する必要があったはずで、ですから、まずはこの辺りが最初だと思います。

小原　そうですね、実際に見たこと、聞いたこと、経験したことを、持ち帰って、詳細に報告していますので、かなり印象に残った出来事であったに違いありません。

佐々木　しかもアウェイでやるんですから、十分な説得力を持った理論を提示しなければならない。ですから、キリスト教を研究するかどうかは別としても、まったく仏教を知らない人たちに対して、仏教の正統性をアピールするにはどうしたらよいかということを、初めて考えたのがその頃だと思います。釈宗演などが講演を行っていますが、そこで新たな理論の再構築をしたんだろうと思いますね。

小原　そういう意味では、万国宗教会議が日本仏教を国際社会に知らしめる最初の機会だったわけですね。

佐々木　私はそう思います。釈宗演が書いたものを見ると、どの宗教も向かう先の頂点は同じだが、登る道は複数あると書いてあります。これは明らかに、他の宗教と併存するには、どうしたらいいかということを、真面目に考えたからこその言葉だろうと思います。

小原　真面目に相手を見ようとするきっかけとなったのが、万国宗教会議であったというのは十分納得できます。ただ、そのような思いを持ったのは、釈宗演ら一部の人であって、必ずしも広くそうだったわけではないですよね。

佐々木　そうですね、国際舞台に出て行ったごく一部の人たちだけだと思います。

小原　戦争の時代には、まともな宗教間対話はできなくなっていたと思いますから、再度きちんとやりだしたのは戦後になってからでしょう。戦後は信教の自由についても、より確かな形で保障されるようになりましたから、いくら他の宗教憎しと思っても、かつてのように相手の宗教をコテンパンにやるということはできません。相手を批判するにしても、ある程度対話的な作法を持つ必要があります。ところが、それぞれの教団が立派に成り立っている限り、わざわざ、その城の外に出て行くということは普通しません。にもかかわらず、違う宗教に対して関心を持ったり、対話に対して意義を感じるとすれば、どういう理由が考えられるでしょうか。

佐々木　対話をするということの意味、ですか。

小原　例えば、仏教がキリスト教を知る、あるいはキリスト教が仏教を知るということについて、私には私なりの考えがありますが、そういったことについて佐々木先生はいかがお考えですか。

佐々木　私は自分の人生経験を通して仏教と出会い、仏教で生きていくことに決めたので、個人的には他の宗教を知らなくても構わないんです。宗教はお買い物ではないので、比べてみてお得な方を選ぶというふうに決めるものでもありませんから。ただ、私が自分の選択の理由を語るときに、選択しなかったものについて仏教学者として説明する必要がありますから、そのために知るという意味での対話は必要だと思っています。ですから、対話した上で、私はこちらを選びますというレベルではありません。

自らの宗教を選ぶということ

小原　確かに、どの宗教を選ぶかというときに、様々な宗教をよく勉強した上で、これだと決めることは、通常ありませんね。

佐々木　ええ。そういうことをしたいと願っている人はいると思いますが、実際はそんな選び方で宗教性は実感できません。

小原　大体は偶然的なものだと思います。たまたま、ある宗教を信じている家庭に生まれ落ちたとか、大人になってから、偶然出会ってしまったとか。

佐々木　みんな縁で宗教を選んでいますからね。

小原　それが実際のところだと思います。例えば、私の場合、たまたまキリスト教を信仰したり、研究するようになりましたが、同時に、日本に生きている以上、日本の宗教や文化に否応なく接しますし、関心も向きます。私は仏教を専門的に勉強してきたわけではありませんが、かなり関心を持って、多くの仏教関係の本を読んだり、話を聞いてきました。

そして、学び続ける中で、やはり仏教は面白いと感じるんですよ。目が開かれるようなこともあります。キリスト教にはキリスト教独特の世界や人間に対する見方がありますが、そこに仏教のものの見方を重ねることによって、自分の世界観が非常に良い形で相対化されます。宗教というのは下手をすると独善的になったり、自らを絶対視する危険性を潜在的に含みますので、そういうものに対する解毒剤が何らかの形で必要です。それを自らの伝統の中から得ることができればよいのですが、そういかない場合、他の宗教伝統を知ることによって、自分が見ている世界の輪郭を客観的につかむことができるのではないかと思います。これが、私が仏教に関心を持って、しつこく学び続けてきた理由の一つです。

佐々木　まったく同感です。今の話は、科学万能の世界ではうまくいかないんですね。科学は我々の心の内のことについては、何も解決策を与えてくれませんから、科学だけが世界の真理だと考えていると、自分の心の内を納得させる方法がないんです。たとえ物理法則を知っていたとしても、これからの私はどうやって生きていったらいいんだとか、私はどういう世界観の中で人生を送っているのかという質問に対しては、何の答えも得られません。相対性理論をベースにして人生を構築するなどということはできない。心の支えになる世界観というものは、物理世界とはまた別のかたちで必要なのです。

はたして既存の宗教が答えてくれるのかどうかは別としても、少なくとも宗教はそれに関わるものですから、その中にある様々な世界観を見ておくこと、これは最終的な自分の選択をするときに、一番大事な基本情報になると思います。宗教は勉強して選ぶものではないけれど、宗教を心の支えにしなければならない時に、良い縁を繋ぐためには、その存在を知っておくことが必須の条件です。そうでないと、とんでもない邪悪な教えに誘い込まれる危険もでてきます。

小原　私自身は、自分の信仰を客観的に見るために、他から学ぶことがきわめて有益であることを、経験的に感じてきました。世界を見渡すと、様々な宗教がらみの事件が起きています。自分の世界観を絶対視し、自分と違うものを劣ったものとして敵対視してしまうと、宗教的暴力が起こりやすくなります。幸い、日本はそのような状況にはなっていませんが、違う宗教や価値観に学ぶ姿勢がまったくないと、宗教の違いが対立の原因になってしまうこともあります。

佐々木　それは宗教に限りませんが、多様な世界観を知ることの重要性については、宗教が一番代表的な例であるということですね。宗教はどれも人間の心を対象にする世界ですから、その世界観は我々の精神的多様性を直接写し出します。ですから、様々な宗教の様相を見るだけで、心の働きが広く、そしてスムーズになると思うんです。

人類としての普遍性、他者への眼差し

小原　私は、自分がキリスト教に依拠していたとしても、自分が持っている特殊性をきちんと捉えるために、より広い世界に意識を向けることが大事だと思っています。しかし現実社会では、自分の世界観の中で他の宗教を従属的に位置づけ、優越感に浸るということも少なくありません。それだけに、宗教それぞれの固有性や違いにこだわりながらも、人類としての普遍性を見つめることのできる余裕が、どのようにすれば生まれるのか、という点に私の関心はあります。自分が立っている場所だけにとらわれてしまうと、自由に動き回れなくなるだけでなく、他者に対する優しい眼差しが育ちにくくなります。

佐々木　実を言えば、仏教はまさにそういう姿勢で他の宗教と接することを勧める宗教です。諸法無我というのが典型的で、自分中心の固まった世界観は必ず間違っていると言っているわけです。

小原　そうですね、仏教はまさにそのような特性を持っていると思います。しかし、穿った見方をすれば、元はそうであったとしても、長い歴史の中で教団が形成され、それを守

るための教えが出てきます。そして同じ仏教でも、他の宗門よりも我が宗門の方が優れているのだということを言う場合があります。となると、広く人間一般というよりは、私たちの教えに従っている人こそが立派な人である、といった考え方が、仏教の中にもあるのではないでしょうか。

佐々木　はい、おっしゃるとおりで、釈迦は諸法無我と言いましたが、それがだんだんと汚染されて、諸法無我でない形となってしまった、それが仏教の歴史そのものです。

小原　やはり、そこはなかなか越え難いのでしょうか。

佐々木　それは人が持つ本能的な欲求ではないかと思います。古いお経には、「他の宗教者と論争すれば、その分、自分の心が汚れていく。だから無益な論争などせず、修行に励め」と書いてあるのですが、時代が下って、教団拡張の欲が出てくると、「反対者を折伏《しゃくぶく》して、教えを広めることが正しい仏道だ」と言い出す。

小原　集団を作って、自分の集団をより優先的に扱うということですよね。

佐々木　自分が他者よりも優位であると思うことは、自然選択の中で生き残っていくための、生物としての本能だと思います。釈迦はその本能を修行によって捨てろと言ったわけですが、捨てたくないという思いが次第に仏教に染み込んできて、釈迦の教えを壊していく。本能が仏教を汚染するのです。そこが辛いところですね。

小原 釈迦はまさにその問題の深刻さを理解したがゆえに、サンガを作ったのだと思います。だとすれば、既存の仏教教団が、自分たちの教団をより開かれたものにしていくためには、何らかの形で起源としてのサンガの思想に立ち返る必要がありそうですね。

佐々木 そのとおりだと思います。釈迦は今のような、本山を中心としたピラミッド型の組織は、考えてもいなかったわけですから。今の教団組織は、日々の糧以上の富を集めるシステムになってますよね。釈迦は、日々の糧以上の余力は全部捨てよと言ったわけですから、「教団が次第に立派になっていく」という状況は、釈迦の教えで生きている限り、望んではならないのです。

イエスから遠く離れた「キリスト教階級社会」

小原 その辺りはキリスト教もまったく同じで、イエスは「何を食べようか何を飲もうかと、また自分の体のことで何を着ようかと思い悩むな」（「マタイによる福音書」六・二五）と言って、そういう欲求への執着を切り捨てようとしています。またイエスは、偉い人が上に君臨するような階級的な集団形成も否定しています。例えば、弟子たちが誰が一番偉いかを議論していたとき、イエスは子どもを呼び寄せて、「心を入れ替えて子どものようにならなければ、決して天の国に入ることはできない」（同一八・三）と語り、人間が執着する上下関係を批判します。ところが後のキリスト教は、教皇を中心とした、非常に立派な階級社会を作っていきましたから、それをイエスが見たら、これは私とは関係ないと言いかねないわけです。イエスの教えとはずいぶん離れたことも、後のキリスト教はやってきたような気がしますね。

佐々木　イエスと釈迦が出会ったら、例のあの漫画ではありませんが、気が合うでしょうね。お互いに、嫌だよねって言い合って。

小原　ほんとうにそうですね。『聖《セイント》☆おにいさん』は、漫画ながらも核心に迫るものを感じます。

佐々木　ですから、学問をするということには、過去に存在した釈迦やキリストの思いを、現代にそのまま復元するという役目があるんです。ですが、現実世界のプレイヤーである聖職者たちはそういうことをやりませんし、やりたいとも思いませんから、我々みたいな過去をほじくり返す人間が、その責務を負っている。これが、仏教学なり、キリスト教学の責任だと思います。

小原　元の教えを実行できるかどうかは別にしても、そもそも元の教えが何であったのかを、しっかりとほじくり返すのは学問の務めですね。しかし、いったん出来上がった教団は、自分の重さ、大きさに縛られて、いつの時代も自浄することは非常に難しいですね。

佐々木　難しいと思います。自分の生活の糧を、自分で掘り崩すということは、普通はやりませんよね。

小原　既得権益に縛られてしまうという点においては、宗教や宗派の違いはないように思います。本来、釈迦はそういう欲から逃れる術を示したはずなのに、結局、人はその欲に囚われてしまいます。

佐々木　元のピュアなものを、そのまま存続させるのはきわめて難しい。僧団に新しく入ってくるのはまだ心が綺麗じゃない人ですから、教団は綺麗になりつつある人と、まだ綺麗でない人の混合体ですよね。ですから、どうしても汚れていってしまうんですね。

小原　そういう意味では、もう一度時間を巻き戻してやり直したとしても、結局人間が集団を作るわけですから、おそらく同じことになるわけですね。

佐々木　組織が汚れるのは仕方がないから、これは受け入れるしかないと思うんです。そこで重要なのは、その汚れた組織の中に、本来イエスや釈迦が目指したような生き方をする余地が、残っているかどうかだと思います。残っていれば、本来の清浄な生き方をしたい一パーセントの人が、その道で生きられるわけです。釈迦やイエスの教えどおりに生きたいと願う人を、メンバーとして受け入れることのできる組織が存続するということに意味があると思います。

小原　その意味では、本物の教えというのは、主流ではなく、端っこの方に細々と生きているものではないでしょうか。

佐々木　そういうものだと納得してもいいのではないかと、私は思います。

小原　佐々木先生がさきほど言われたように、教団は綺麗になりつつある人と、まだ綺麗でない人の混合体であるという現実をまずは見据える必要がありますね。キリスト教においても、神学者アウグスティヌスが、罪人と聖人の混合体としての教会を説き、聖人だけの純粋共同体にしようとする神学者に反論しました。一％の人が担っている生き方を見失わないようにすることは大切ですが、その割合を無理に大きくしようとすると、かえっておかしいことになりそうです。

佐々木　我々はどうしても、組織拡大の欲望にとらわれてしまいますからね。

小原　一％の人たちは、どんなに理解されずとも、信念を貫いていくしかないですね。

佐々木　やはり問題は、そういう人たちが生きられる余地を、その組織の中に持っているかどうかですね。ですから、その組織が全体主義に陥らないようにするための工夫は、必要だということですね。皆が同じ顔で同じ事を言うように強制する教団の中では、釈迦やイエスの生き方を実現することはできないということです。

小原　宗教教団だけでなく、花園大学や同志社大学などの宗教系の大学教育機関に関しても同じことが言えそうです。最初は建学の理念があって、それを純粋に実践しようとした人々がいたはずです。同志社も初期の頃には、新島襄《にいじまじょう》の薫陶を受けて、その精神を体現したような人が少なからずいましたが、学校の規模が大きくなってしまうと、そのような初期の共同体の理念は、掛け声だけになってしまいがちです。

佐々木　しかし、色合いは残っていますよね。

小原　きわめて薄いものになっているかもしれませんが、残ってはいます。それを元の色合いに戻すのは無理ですから、先生が言われたように、大部分の人はわかっていなくても、どこかに本物を継承する余地を残しておく、そのような組織になっているかどうかを検証する必要がありますね。

佐々木　多様性を認める意識がなければ駄目でしょうね。純粋な原理主義を押し通すことで組織の統一を目指そうという一人のカリスマが、その組織全員を同じ意見にしようとすれば、これはまったく逆方向になるわけですから。

国家に閉じ込められる宗教と自由

小原　今、宗教になりかわるような形で、ナショナリズムが人々に支持されている状況が、世界の各地で見受けられます。二〇世紀後半にはグローバル化が進んで、ナショナリズム的なものは衰退していくという見解もありましたが、今やグローバル化と連動し、あるいはそれに対する反発として、排他的で偏狭なナショナリズムが目立つようになっています。そこでは多様性が疎まれ、信教の自由や表現の自由も制限を受け、様々な価値観が国家という枠組みの中で評価されるようになってきています。このような時代の中で、宗教が果たす固有の役割はあるのだろうかということを、私は時々考えたりするのですが、これについて佐々木先生はどのようにお考えですか。

佐々木　今はナショナリズムの世界で、常に他者と自分を比較し、他者の上に立とうとする時代になってきたと思うんです。例えば、隣の国はあんななのに、うちはこうだとか、そういうことですね。ですが、そこでは、不安と劣等感が次第に強まり、自分は不幸であるという感覚が、だんだん濃くなっていきます。仏教は、自分は不幸であるという感覚を、どうやって穏やかに鎮めるかを考えて生まれてきた宗教ですから、これからが出番だと私は思っています。一時、グローバリズムの中で宗教はかなり薄まっていましたが、これからはちゃんとした宗教が多くの人に訴える時代が来るのではないかと思います。

小原 なるほど、宗教が衰退するどころか、宗教が求められる時代が来るということですね。となると、新しい時代の宗教は、人々の不安な気持ちに寄り添ったり、人々が抱えている問いに答えられるようなメッセージを発する必要がありますね。

佐々木 そうです。つまり、誰かが上から与えてくれるお仕着せの価値観ではない、個々人がそれぞれに納得する幸せの基準があるということを、宗教側から提示するということです。

小原 そういうものは、足元にありながら意外と気づかないことが多いですからね。しかし、それに気がつかないと、上から与えられるもの、つまり、国家的な価値に簡単に引き込まれることになるでしょう。それだけに、異なる価値観を宗教が説得力を持って示すことができるかどうかは大きな課題です。

佐々木 マスコミの力で、我々には特定の資本主義的世界観が刷り込まれていますからね。

毎日、テレビやラジオで買いなさい買いなさいと言われて、良質の物をたくさん持っていることが唯一の幸せであるかのように思ってしまっていますよね。こういった、我々が知らぬまに刷り込まれていく世界観・価値観も、ある意味で宗教の一種です。私はこの資本主義という宗教を、わかりやすい言葉で「買え買え教」と呼んでいます。テレビなどのコマーシャルは、まさに「買え買え教」を布教するためのお説教です。多くの人は、生まれた時から説教を聞かされて、大人になれば皆そろって立派な「買え買え教」信者になるのです。

小原　幸せを計る指標を多様化しなくてはなりませんね。

佐々木　そうです。

小原　一般的に言えば、経済的な安定や社会的な地位などが幸せの条件と考えられがちですが、そうした刷り込みから自由になれるのも幸せの一つだと思います。

佐々木　これがナショナリズムになると、今度は国同士の優劣がその人の幸せになりますから、あの国に勝ったか負けたかと、まさに野球の応援団みたいなもので、自分が当事者でもないのに、それを幸せの基準としてしまうんですよね。

小原　日本は明治時代からその道をひたすら進んできました。富国強兵というかつてのスローガンは、国民全体の幸せの方向を明確に、そして一元的に示していました。

佐々木　今もまた、そういうふうになっているでしょう。グローバリズムで、個々別々、みんなバラバラになったときには、ある程度の多様性を持っていたのが、これからだんだん、再び国ごとに固まっていって、幸せの基準が一本化されてしまうと思います。私は必ずしもグローバリズムが良い事だとは思っていないのですが、その極端な反動が、我々を一元的に洗脳しようとしていることに危機感を持っています。

違う幸せの道を指し示す

小原　宗教は幸せに多様な指標を与えることができると思いますが、伝統的な仏教やキリスト教の場合は、既に自分たちの基準を持っています。その基準にたまたま合う人はよいですが、昔にできた教えをそのまま受け入れるのが難しい場合もありますよね。

佐々木　阿弥陀に救われて、極楽に行くと言われても、現代の感覚とはあまり合いませんね。

小原　阿弥陀による本当の救いがあるというのは、大乗仏教の教えとしては正しいと思いますが、問題は、それが現代人の心に届くかどうかです。物質的豊かさだけが幸せではなく、違う幸せの道もあるということを、仏教の側から、どのように諭すことができるでしょうか。

佐々木　前にも言ったと思いますが、本来の仏教はそれを諭さない宗教なんです。諭さずに、自らひかれて来てくれる人だけを受け入れるものなんですね。

小原　来てくれた人に、本物を用意しておくということですね。

佐々木　ですから参入してくる人の数が少ないのは当然なんです。少なくても構わないし、勢力が弱くても構わない。とにかく、そこに受け皿があるということが大事だと考え、それに誇りを持って、地道に進んでいくということになるわけです。

小原　なるほど、それは納得がいきます。ただ現実には、資本主義化された宗教マーケットにおいて、信者の数を増やすとか、献金の額を増やすとか、そちらの方向に向かって一生懸命になる場合が多いと思います。

佐々木　考えてみればそれも、テレビで刷り込まれた、人は多い方がいい、金はたくさん集まった方がいいという思考が、そのまま宗教にまで及んでいるということですね。

小原　そうなると本末転倒ですね。

佐々木　結果としては欲深さが表に出て、世間からの尊敬をなくしていく。そういう教団はもう放っておくしかないと思います。

第5章　プロテスタンティズムと大乗仏教、二つの道

弱くなる教団、減少するお寺と信者

小原　文化庁から毎年『宗教年鑑』が出されていますが、伝統宗教は軒並み信者数が減っています。半端でない減り方です。

佐々木　新興宗教まで減っていますよね。

小原　ええ。かつて元気だった新興宗教ですら、どんどん人を減らしています。とりわけ伝統仏教では、地方において無住職のお寺がどんどん増えているという深刻な問題も、すでに現れてきていますから、なかなか大変な時代です。

佐々木　ただそれは、業界がどうなるかという話で、私なんかがあれこれ心配することではありません。私はとにかく、仏教という釈迦の教えをどうするかということしか考えていません。

小原　それを残していくということですね。

佐々木　先生もそうでしょう。

小原　はい、数をどうこうすることには、あまり関心はありませんね。

佐々木　少なくとも、背中に教団を背負っているわけではないでしょう。

小原　背負ってはいませんね。もちろん、気にはしていますが、数の多い少ないが最重要課題とは思っていません。歴史を振り返ると、数が少なかった頃や、迫害されていた頃の方が、本物の信仰が息づいていたように思います。

佐々木　仏教についても、お釈迦様と少人数の弟子が一緒にやっていた頃は、実にピュアだったと思います。それを発掘し、再現して、もし継いでくれる人がいれば、その人に託すという、それぐらいのことでいいんじゃないかと思っています。

小原　明治期に、日本の仏教は政府からの圧力のもとで世俗化が進みました。結婚してもいいし、髪を伸ばしてもよいという政府通達がありました。これに対し、最初、仏教界は抵抗しますが、徐々に受け入れていって、現在あるような姿になりました。お坊さんが結婚し、男の子が生まれれば、その子がお寺の跡継ぎとなり、世襲していく仕組みが整っていったわけです。

佐々木　私も寺に生まれ落ちて、気がついたらそんな立場になっていたということです。今はなんとか自力でそこから抜け出すことができましたが。

仏教は日本でだけ大きく変容した

小原　お寺の世襲制は今や当たり前となっていますので、これが問題視されることは通常ありません。むしろ、世襲制はお寺が代々地域に根ざす上でよい働きをしているといった説明を聞くこともあります。世襲制がよいかどうかはともかくとして、僧侶が結婚することが認められている日本の仏教は、他のアジアの国々の仏教と比べると、ずいぶん違う形になっているように思います。

佐々木　はい。日本だけが違うんです。寺院の世襲制などという奇妙な現象は日本にしかありません。

小原　日本にいると違いを感じることはできませんが、やはり、日本だけ違うと言ってしまってよいでしょうか。

佐々木　もちろんどんな仏教国にも、だらしない堕落した僧侶はたくさんいますが、教団全体の制度として釈迦の教えから逸脱しているのは日本だけです。

小原　しかし、日本に住んでいると、日本の仏教こそが仏教だと受け止めてしまうことになりますよね。

佐々木　それは大変危険なことです。

小原　我々の目の前にある仏教を、これぞ仏教、ザ・仏教だと考えてしまうと、その奥にある釈迦の教えまでたどり着けなくなりそうですね。

佐々木　ええ、まず無理でしょうね。

小原　自分たちの伝統を出発点にすることなく、釈迦の仏教に立ち返る道を各教団が積極的に示していれば、仏教の奥行きや幅広さを理解することができると思うのですが、そうでなければ、お酒を飲み、結婚し、世襲の中で説法を説いているお坊さんこそが、仏教の代弁者だと思うのは、やむを得ないでしょう。釈迦の教えと各宗門の伝統との距離を理解するのは、仏教をトータルに理解する上で、きわめて重要なことではないかと思います。

佐々木　特に最近は、日本の国力が弱くなるにつれて、日本仏教に対する風当たりも強くなってきています。そんな中で、他の仏教国から日本を見ると、完全に堕落した宗教だと言われるわけですね。酒を飲んで、奥さんがいて、髪の毛を伸ばして、これのどこがお坊さんだと言われても、反論できないわけです。反論するためには歴史を学ばなくてはいけません。日本の仏教が今のような形になった経過を、きちんと説明した上で、論理的な立場として、我々は必然的にこういう形になっているのであって、だらしないからこうなったわけではない、と言わなくちゃいけないんです。ですが、仏教界にはそこまで学ぶ気がないんですね。しかし、日本仏教の立場は次第に悪い方に進んでいますから、これから学ばざるを得ない時代が来ると思います。特に、経済的に強くなってきた中国が、中国仏教を押し出したいというときに、反面教師として日本仏教を利用する傾向があります。

小原　日本仏教が反面教師として使われているとは、なかなか衝撃的ですね。

佐々木　学会などでも、日本仏教がいかに堕落しているかを説明し、それに比べて今の我が中国の仏教は、という論調が多いです。日本仏教は酒を飲んでいます、平気で女性と交わっています、などと言うわけですが、そうなると、のほほんと日本仏教というムラ社会で暮らしているうちに、相対的にその地位が貶められる時代が、すぐそこに来ているということです。

小原　中国に限らず、国際社会において日本仏教がどのように見られているのかを、もっと意識して、少なくとも、言い訳以上の説得力ある説明ができるようにしておく必要がありますね。

セクハラで訴えられた日本の禅僧

佐々木　そうです。それも単なる強弁ではなく、きちんと資料を出した上で歴史的な背景を、しかも宗派を越えた形で、日本仏教として説明できるだけの理論武装をしなくてはいけないと思います。ところが、そんな思いはまったくないようで、知らない間にどんどん悪くなっていますね。アメリカでの禅宗も随分悪いことになっているんですよ。

小原　アメリカで禅宗というと、魅力的な存在として映っていると思っていたのですが、悪いイメージもあるのですか。

佐々木　ええ。昔アメリカに渡って僧堂を開いた立派な老師が、今セクハラで訴えられています。坐禅指導をしているときに、女性に、はいもうちょっと脚をこうして、とやるわけですね。日本でもやりますから、同じように構わないと思ってやっているわけです。もちろん、そのときは相手方の女性も、そのことに関して何も疑問を持っていなかった。ところが、それから二〇年、三〇年経って、アメリカにスリランカやミャンマーの上座説仏教が入ってきたわけです。そこで初めて、仏教には戒律があって、僧侶は欲心で女性の体に触れるべからずという規則があることを知ったアメリカ人女性は、あのとき私の体を触りまくっていたあの日本人老師は、実は単なるセクハラ坊主だったんだということで、今訴えているわけです。それで、あちこちで裁判になって、「ワシントン・ポスト」などの一流誌に載ったんです。それで今、アメリカでの禅の評判が非常に落ちつつあります。

小原　禅マスターの老師としては、何の下心もなく、日本と同じやり方をしていただけですよね。

佐々木　多分そうだと思います。詳しくは知りませんが、頭の中にセクハラの発想はほとんどなかったはずですね。

小原　しかし、今になって、セクハラと受け取られてしまったということですね。

佐々木　ええ。ですが、それは日本の僧侶が本当の仏教を知らないからですよ。知らないということの報いなんです。そういう意味においても、いろいろな宗教がどのようなものの見方をしているのかということを、少なくとも国際的な場に身を置く限りは絶対知っておかなくてはいけないんです。

プロテスタントが始めた宗教の「シンプル化」

小原　今アメリカで流行ったり、問題となったりしている禅も、元は日本からもたらされたものです。禅を含めた日本的な仏教が誕生したのは鎌倉時代ですが、それ以前からあった奈良仏教や、あるいは、天台宗や真言宗は、非常に高度で複雑な体系を持ち、それを習得するには特殊な訓練が必要でした。しかし、浄土宗・浄土真宗・日蓮宗・禅宗といった鎌倉仏教は、強調点の違いはあるとはいえ、一般人には近づきがたかった仏教の教えを、より簡略化し、大衆化への道を開いたと言えます。例えば、厳しい修行をしたり、難しい仏典を読むのではなく、念仏を唱えるだけで救われるといった浄土宗系の教えには、救いに至る道をシンプルにしたという特徴を見出すことができます。そして、このシンプル化は、鎌倉時代からしばらく後の一六世紀のヨーロッパにおいて、宗教改革者たちが行ったことでもありました。

その当時のカトリック教会は、すでに複雑な教義を持っていましたが、それは一般の人々にはおよそ関係のないことでした。普段のミサはラテン語でなされていましたから、聖職者以外の人々は、その意味を理解することはできません。一般の信徒は、まるでお経でも聞くかのようにラテン語を聞いていたはずです。当時、聖書は一般の人の手に届くところにはありませんでしたし、また、仮に手に入ったとしても、ラテン語で書かれた聖書を読むことはできませんでした。とはいえ、教会は具体的な指示を信徒向けに出していました。例えば、当時の教会財政を支えるために、贖宥状《しょくゆうじょう》（免罪符）が発行され、救いを得たければ、それに見合った行為をしなければならない、ということで、教会は贖宥状のセールスに精を出したわけです。

そうした教会のやり方にルターたち宗教改革者は疑問を感じ、改革運動を始めることになりましたが、彼らが強調したことを簡潔に言うと、「信仰のみ」「聖書のみ」という原則です。人はあれこれの行いによって救われるのではなく、神の一方的な恵みによってのみ救われること、そして、教会が出した数々の文書や指示が大事なのではなく、本当に大事なのは聖書だけだと言ったわけです。つまり、信じるべき対象を極めてシンプルなものにしました。こうした原則に基づくと、司祭や教皇など、神と信徒の間をとりなす仲介的な人間も不要となります。いわゆる万人祭司の考え方がここから出てきます。

鎌倉仏教の方がプロテスタントに先行しますが、それ以前の複雑な信仰体系をシンプル化したという点において、両者に共通点を見出すことができます。ところが、シンプル化は無駄を大きく削ぎ落とす作業ですから、あとから振り返ってみると、削ぎ落としすぎたかな、という面もプロテスタントの場合には、見受けられます。仏教の場合はいかがですか。

佐々木　その場合、特にキリスト教学者に伺いたいんですが、いろいろと削ぎ落とした後に残ったプロテスタンティズムは、最初に遡って考えた場合、正当なものなんでしょうか。

つまり、聖書から直接現れてくる形として、それは正当なものであると学問的に言えるんでしょうか。

小原　当時のカトリックの視点からは、宗教改革は正当なものとは見なされず、結果的にルターも破門されています。しかし、学問的に言えば、宗教改革には聖書につながる正当性があったと言えます。その点は、現在のカトリック教会も認めています。ルターは自説の開陳をしたというより、例えば、パウロが書いたローマの信徒への手紙を解釈する中で、信仰によって人は義とされることの重要性を再発見し、端的に聖書に立ち返ることを訴えました。人々が自分たちの言葉で聖書を読むことができるように、ルターが聖書のドイツ語訳に取り組んだのも、そうした事情と関係があります。宗教改革者たちは、カトリック教会の権威や伝統によって見えなくされていた部分を見せたと言えるでしょう。そのような意味で、それは本流に帰ろうとする運動としての正当性を有していたと考えることができます。

佐々木　では、ルターが削ぎ落とした部分は、本流から次第に肥大化していった中で付け加えられた部分であって、それを削ぎ落として元へ戻したということですね。

小原　はい。ただし、元に戻すその方法をめぐっては、宗教改革運動の中にも意見の相違がありました。例えば、政治権力との距離をとることを重視した宗教改革急進派と呼ばれるグループは、世俗の諸侯と協力しながら改革を進めようとするルターら主流派に対し、妥協的であると批判をしました。しかし、そうした理解の違いはあったとしても、それまであった権威や伝統を超えて、よりシンプルに聖書の教えに戻ろうとした点では、宗教改革の理念は共通しています。

最新モードを目指した大乗仏教

佐々木　であれば、そこが仏教と違うところですね。仏教の場合、シンプル化された後の大乗仏教の教えは、釈迦の教えとはまったく違うものになったのです。

小原　なるほど、念仏のみだとか、釈迦はそういうことは言ってないわけですね。

佐々木　言っていません。釈迦が作った本来の仏教は、厳しい修行の道を段階を経て進むことによって悟ることができるという、一種の生き方のスタイルを提示するものだったんです。ところが、大乗仏教になると、そういった生き方はきわめてストイックで厳しすぎるから、できるだけハードルを下げて、あるいはハードルを取り去った形で悟りの境地を手に入れようと考えた。これが仏教のシンプル化なんです。ですから、シンプル化で出てきたものは本来の仏教のどこにもなかったものなんです。同じシンプル化であっても、本来の姿に戻ったプロテスタンティズムと、シンプル化で最新モードを創作した大乗仏教という違いがあるわけです。

小原　なるほど、同じシンプル化でも、確かに方向性の違いがありますね。鎌倉仏教とプロテスタントの違いもはっきりしました。しかし、大乗仏教の文脈に限定すれば、それは仏教の本流に立ち返ろうとした運動だという言い方はできませんか。

佐々木　大乗仏教はどの経典も、我々の教えは釈迦の本来の教えだと言っています。「これが釈迦が本当に言いたかったことなんだけれども、あまりに深遠なので彼は皆に説かなかったのだ」とか、「これは鬼神たちが隠していたお経なんだ」とか、そういう、自分自身の正統性を主張するための記述を、経典自身に書き込むわけですから、それを鵜呑みにする人は、素直に信じると思いますが、先生がキリスト教学者としてみれば、プロテスタンティズムは元の形なんだと言うのと同じように、仏教学者としてみれば、大乗仏教は元の教えとはまったく違ったものだと言えるわけです。

小原　ということは、日本仏教にもいくつか変化の節目がありましたが、それによって大乗仏教の枠組みを超え、釈迦の仏教を一瞬でも垣間見たということはなかったということですか。

佐々木　そういうことはなかったでしょうね。

小原　それは日本の仏教だけでなく、大乗仏教全体に言えることでしょうか。

佐々木　はい、そもそも大乗はインドで起こったものですから。インドにおいて仏教は、より広いヒンドゥー社会に囲まれていたわけですから、どうしてもその色が入ってくるんですね。そこに含まれている神秘思想や差別的世界観、性交崇拝などの雑多な要素が徐々に取り込まれて、多種多様な大乗経典が生み出されていったのです。ですから、そういった大乗仏教世界の中に、本来の釈迦の教えがそのままの形で再度現れるなどということは、絶対にあり得ないわけです。

日本仏教の本質は「ヒンドゥー化」

小原　では、日本の仏教はヒンドゥー化しているということですか。

佐々木　そうです。特に密教はほぼ完全にヒンドゥー教ですね。

小原　諸仏を想定しているところなど、確かにそうですね。

佐々木　カーストまで入っていますからね。密教の「密」というのは、全ての人に教え広めることをせず、特定の選ばれた人にだけ師匠から教えをつないでいくという意味です。それが密教の基本ですから、言ってみれば、その選ばれた人はバラモン階級に相当するわけです。そしてそれ以外の人たちは、バラモンにお願いして神の恩寵を受けるということで、それがいわゆる護摩《ごま》を焚いて祈禱していただくという姿になっているわけです。

小原　なるほど。学問的にはその説明で十分納得できるんですが、一般の日本の仏教者に対して、日本の仏教はヒンドゥー化していますよと言うと、どのような反応が返ってくるのでしょうか。私は面白い視点だと感じましたが。

佐々木　反応はいろいろです。密教思想のお坊様でも納得なさる方はおられます。必ずしもみんなが一斉に批判の矢を放ってくるというようなことはないですね。

小原　日本の仏教はヒンドゥー化していると言った方が、自分たちの姿をより大きな歴史軸から見ることができて、よさそうに思います。

佐々木　そもそも、ヒンドゥー化していると言われて、腹が立つのがよくわかりません。ヒンドゥー教的なものがいいと思って信仰しているのに、あなたの形は仏教よりもむしろヒンドゥー教ですと言った場合、そうか我々の教義はヒンドゥー教だったんだと納得する人がいてもいいと思うんですよね。ですが、どうしても仏教ということにこだわっているようです。

小原　どこかで釈迦につながっていたいという気持ちがあるのでしょうね。

佐々木　「我々の教義は、釈迦が説くような苦しみの極致にある少数の人たちを救うための道ではなく、日常で暮らす大勢の人たちに、心の安らぎを与えるための汎用性のある清涼剤なのだ」、と割り切れば現代でも十分説得力を持つはずなのですが。もちろん密教特有の差別思想などのゴミの部分は取り除かねばなりませんが。

小原　確かにそうかもしれません。古いものより新しいものの方がすぐれていると思うのは世の常です。しかし、そもそも初期仏教教団は、ヒンドゥーの文化的な背景の中で生まれてきたので、それとの差を非常に意識したはずです。最初期の頃から、仏教の方が上だという意識はあったのではないでしょうか。

佐々木　あらゆる所にあったと思います。ヒンドゥー教は古代インドではバラモン教と呼ばれていて、バラモン教からヒンドゥー教へと一つの流れを形成しているのですが、例えば、お釈迦様が、「私はもう悟ったから、あとは楽に寿命のままに生きてから、人知れず死んで行こう」と思ったとき、「それは困りますから皆さんを助けてください」と、お願いをしに天から降りてきたのが、そのバラモン教の最高神である梵天です。つまり、バラモン教の最高神に頭を下げさせる話をわざわざ作るわけです。また、普通我々はカースト制度について、バラモン、クシャトリヤ、ヴァイシャ、シュードラと習いますが、仏教のお経では、順番が入れ替わって、クシャトリヤ、バラモン、ヴァイシャ、シュードラとなっているんです。これは、釈迦の生まれのクシャトリヤを一番上に持ってきているわけですね。ですから、本来の仏教では、あらゆる点でバラモン教の上に我々が立つんだということを、意識して言っているんです。ところが大乗が起こってきて、その仏教が次第にバラモン教、ヒンドゥー教になっていったわけですから、釈迦をとばして、釈迦が否定したバラモン教に戻っていったという意味でなら、原点回帰と言えなくもない。しかし、原点回帰と言う時、それはあくまで、釈迦の教えへの回帰という意味です。私は学問によって、それを目指しているのです。

小原　となると、今、佐々木先生がなされている研究や働きは、原点回帰への道を目指しているわけですね。

佐々木　釈迦の時代の仏教はすでに消滅していて、復元不可能ですから、それを実際に目の前に示すことはできません。ただ、それが昔、どのような形で運営され、何を説いていたのかを言葉や図で表現するだけです。これは恐竜の化石の研究をしている学者のようなもので、いくら発掘しても恐竜そのものは絶対に復元できませんが、この化石を見ればイメージはできますよというのと同じです。

小原　釈迦の教えそのものを復元できないのは納得できます。しかし、それは復元できないにしても、釈迦の教えと同時にサンガがあって、そのサンガは化石化することなく、生きた出家集団として後世に継承されていきました。ところで、サンガは上座説仏教では大きく形を変えずに維持され、大乗仏教の中では、かなりその姿を変えたと言ってよいでしょうか。

佐々木　サンガそのものは、大乗仏教にもそのままの形であったのですが、ただ、密教になってヒンドゥー化していくにつれ、サンガを統制する律という法律よりも、密教的教義を優先するようになり、そのためには律を破っても構わないということになって、密教の段階でサンガの形態が崩壊したらしいのです。釈迦の仏教が大乗仏教になって変容したのは世界観であり、悟りへの道の中身であって、サンガという修行者の日々の生活の場は、ほとんど変化しなかったのです。

律を守るアジア、律を持たない日本仏教

小原　今のアジアを広く見て、サンガを統制するための律の働きはかなり弱体化していると言えるでしょうか。

佐々木　そういうわけではありません。仏教サンガの法律である律はちゃんと守られているのです。密教の出現で崩れたサンガの秩序も、後に様々な努力で再構築されました。代表はチベットです。チベットには密教が入りましたが、最初はセクシャルなものを悟りとするような、とんでもないものだったわけです。実生活においても、僧侶はそういう生活をしていたそうで、あまりにひどいので、律を手本として刷新したんですね。律が機能していて、それに沿って生活形態を組み上げていけば、サンガが自然にできるわけですから、今のチベット仏教は、拝んでる仏はセクシャルな姿をしていても、僧侶はしっかり独身生活を送っているという、綺麗な仏教に戻ったわけですね。

小原　それは面白いですね。

佐々木　スリランカや東南アジアの仏教もかなり堕落したことがあって、酒池肉林の時代があったとも言われています。それが元に戻ったきっかけはイギリスの植民地支配です。それまで仏教を保護してきたスリランカの王朝がイギリスに滅ぼされたわけですが、イギリスは仏教なんか保護する気はありませんから、お前ら勝手にやれと放り出されて、それで「我々が生きていくためには、今のような形ではいけない。これからは律に書いてあることを守って、昔のサンガを復興してやっていこう」ということで、今のきちっとした仏教に戻ったわけですね。ですから、律があることによって、いつでも堕落した宗教を元に戻すことができるんです。

小原　ということは、律が原点に戻る要素として、非常に重要であるにもかかわらず、現実にはそれを持たない仏教教団が多くなっているということですか。

佐々木　それは日本だけです。ですから、日本以外の仏教教団は、ほぼすべての僧侶がお酒を飲みませんし、結婚もしません。これは律を守っているという意味なんです。

小原　なるほど、そういう意味なんですね。

佐々木　もちろん、全員が堕落していない立派な僧侶というわけではありません。中国にもスリランカにも、とんでもなく悪いお坊さんはいます。それでも、律があることによって、教団全体がとんでもない方向に逸脱することはないわけです。日本の場合は、回帰すべき手本としての律が最初から導入されていませんから、そもそもどこへ戻ったらいいのかがわからないということです。

小原　となると、他の国以上に日本の仏教を原点に戻すのは大変ですね。

佐々木　不可能だと思います。しかも、さらに困ったことに、律を持たないことを前提とした教義すら出てきて、それが浄土真宗です。浄土真宗では、僧侶は修行してはいけないわけですから、修行集団としてのサンガを持ってはいけないわけですね。つまり、律を守ること自体が教義に反することになるわけです。律によって元に戻ろうなどと言っても、戻りようがありません。ですから、日本の仏教は、ある意味お釈迦様の仏教には、絶対に戻れないところにまで来てしまっているんです。

小原　ただ、それを仏教の多様性として認めてもいいわけですよね。

佐々木　そうです。逆に言えば、律があると、律に書いてないことは何をやってもいいんだという話になって、思わぬところで逸脱するんです。日本の場合は律がないから、ケースバイケースで一つずつ判断しているところがあって、判断力を磨くということについては、日本の仏教が一番やっているんです。一般の通念として、お坊さんは悪いことを、そんなにはしないだろうみたいに思われていると思いますが、これはかなり、日本の仏教が頑張っているからだと思います。

小原　そうすると、日本の仏教を褒めることもできますね。さきほどは、日本仏教は反面教師としてネガティブに見られているという話がありましたが、今の話を聞いていると、努力家の優等生のようにも見えてきました。

キリスト教の倫理観はどこで担保されるか

佐々木　キリスト者の生活の規範についてお尋ねしたいんですが、ユダヤ教はトーラーなどで生活を縛りますよね。ですが、キリスト教はむしろその縛りをなくすことによって、博愛の宗教に変わってきたわけですが、となると、キリスト者の倫理観はどこで担保されているんでしょうか。

小原　キリスト者の倫理観がどこに根拠づけられるかは、今まで話してきた仏教における律の有無の問題とも関連するので、実に面白いポイントです。仏教の律に対応するものが、ユダヤ教の伝統にはあります。日本語では律法と言いますので、名前まで律に似ていますが、ユダヤ教では律法が日常生活の主要部分を規定しています。それらは旧約聖書（ヘブライ語聖書）の「レビ記」に多く見ることができますが、してはならないことや、食べてはならないものについての禁止規定が事細かく記されています。律法を守ることはユダヤ教にとって根幹的なことですが、新約聖書を見ると、イエスは、律法に縛られすぎることの問題を指摘しています。

例えば、ユダヤ教の安息日は、前にも説明しましたように、労働が禁じられている日ですが、イエスの弟子たちは安息日に、麦の穂を摘み始め、それを当時の宗教の専門家であるファリサイ派の教師から律法違反として咎められています。それに対し、イエスは「安息日は、人のために定められた。人が安息日のためにあるのではない」（「マルコによる福音書」二・二七）と答えています。イエスは律法を否定はしませんでしたが、人が律法に形式的に縛られることによって、大事なことを見失ってはいないかと問いかけています。

こうした律法からの自由が、後のキリスト教を、母体となったユダヤ教から分離させる要因にもなりました。言い換えれば、ユダヤ教という「宗教」からの自由をイエスの教えや初期キリスト教に見ることができます。ただし、キリスト教がローマ社会の中で広がっていって、四世紀にローマ帝国の公認宗教や国教になった時代以降、ローマ法の影響を強く受けて、そこから教会法も作られていきます。このようにしてキリスト教は、そこから脱したはずの「宗教」になっていったわけです。教会制度や教会法が整えられていく中で、皮肉にもそれがキリスト者の自由を縛ることになりました。それに気づいたルターたちが、宗教改革のときに、不要な縛りをバサッと切り落としたわけです。この世の縛りから自由になり、しかしまた、この世の縛りにとらわれ、といったことをキリスト教は繰り返してきました。

佐々木　そうすると、今プロテスタントを縛っているのは何ですか。

小原　基本的には聖書だけですが、その解釈によって、縛りの強さや縛り方が変わってきます。聖書を文字どおりに、不変の真理として受け止めようとする人と、聖書のメッセージを現代的な文脈で柔軟に解釈しようとする人の間にある理解の違いは大きいです。また、自分たちの価値観や信念を聖書に重ね合わせて、それを守ってきた人たちも、特にアメリカには多数いました。例えばピューリタンの禁欲的伝統の中には禁酒があって、アメリカでは一九二〇年代から三〇年代にかけて、禁酒法がありました。

佐々木　聖書による限りは、飲酒は禁止されていませんよね。

小原　禁酒は聖書と直接的には関係ありませんし、そもそもイエスは「大酒飲み」（「マタイによる福音書」一一・一九）と言われていたようです。当時は水よりも、ぶどう酒を飲む方が安全でしたし、食事の際にぶどう酒を飲むことは普通でした。つまり、飲酒それ自体は聖書においては何の問題もありません。もちろん、飲みすぎて酩酊状態になったりするのは良いことではありませんが。いずれにせよ、後のピューリタン的伝統の中では飲酒は禁欲に反することとして禁止されました。禁止に関して現代のアメリカに即して言えば、中絶の禁止と同性愛の禁止を訴える主張があります。中絶は聖書に現れませんし、同性愛も、現代と同じ意味のものが聖書時代にあったわけではありませんが、中絶と同性愛に反対することこそがクリスチャンの使命なのだというような人たちが多数いて、トランプ大統領はそのような人々に支えられています。

プロテスタントは自分たちでルールをつくる

佐々木　つまり、プロテスタンティズムの中では、地域や社会ごとに、それぞれに違った戒律条項が現れうるわけですね。

小原　そうです。カトリックの場合には、歴史的に蓄積されてきた法的な仕組みがあり、また教皇を中心とする中央集権体制がありますので、地域や社会の違いに関係なく、縛りは結構しっかりしています。それに対し、プロテスタントは、そうした縛りから逃れてできた集団ですから、ちょっと意見の対立があると、喧嘩するぐらいだったら別れた方がよいという感じで、分裂に分裂を重ねてきました。よく言えば、多様性が拡大したと言えますが、結果的に数えきれないほどの教派ができてしまいました。

佐々木　なるほど。生活規範を持たずに宗教団体を運営しているという点は、日本の仏教教団と非常に似た感じがしますね。

小原　似ていますね。プロテスタントのリベラル派は、組織論からすると、意外と日本仏教に近いかもしれません。プロテスタントにとって唯一の規範は聖書であり、それを支えるのが教派の伝統です。規範は外部から与えられるべきではないと考え、自分たちでルールを作ることが基本にあります。

佐々木　そういうことを知っていないと、今のアメリカの社会文化も理解できませんね。アメリカに独自の、しかもきわめて個性的なキリスト教団がたくさん存在している理由も、これではっきりします。

小原　宗教の基礎知識がないと、やはり社会を深く理解することは難しいでしょうね。

佐々木　私も、なぜキリスト教世界の中で、中絶やお酒の問題がクローズアップされるのか、その理由がまったくわかりませんでした。

「供養」とは何か

小原　次に、日本仏教の特徴の一つである供養について考えてみたいと思います。供養にも様々な対象がありますが、近年話題になっていることと言えば、例えば鵜飼秀徳氏の

『ペットと葬式――日本人の供養心をさぐる』（朝日新書、二〇一八年）で詳細に取り上げられているように、ペット供養は大きな関心を集めています。少子高齢化の日本において、長年連れ添ってきたペットを家族のように思う人が増えていることは、時代を映していると思います。歴史的に言えば、日本人はいろいろなものを供養してきました。例えば、鯨供養のように人間の生業の犠牲になる生き物に対する供養から、針供養や人形供養など無生物のものに対する供養もあります。最新のものとしてはＡＩＢＯ供養をあげることができます。ＡＩＢＯのようなロボット犬、人工物も供養の対象になっているのは興味深いです。人間は、生きているものか人工物かの違いに関わらず、身近に長くいたもの、あったものに愛着を感じますから、それが死んだり、動かなくなったり、使えなくなったりしても、簡単に捨てることができません。日本の場合、その傾向が顕著に現れているように思います。日本仏教の歴史から見て、供養には古い起源があるのでしょうか。それとも比較的最近のことなんでしょうか。

佐々木　これについては、もとをたどればインドで始まったことですね。

小原　日本どころか、すでにインドに供養の起源があったんですね。

佐々木　ええ。インド語にプージャーという単語があって、これを我々は供養と訳します。

もともとインド文化の中にいる人なら誰もが行っている、当たり前の習慣です。

小原　インドでは仏教以前から行われていたということですか。

佐々木　はい。バラモン教、ヒンドゥー教、その他諸々のインド文化の中に根ざしたものです。

小原　インドにおける供養は、人以外のものも対象にするのでしょうか。

佐々木　はい、神様も供養します。供養とは相手に敬意を表すことなんです。単に道徳的な儀礼ではなくて、そこには必ずリターンとしての利得、果報を想定するんです。心を込めて何かを供養すると、それは善行なので、結果として善い業を作ることになる。そしてその善業はいつの日か大いなる果報として戻ってくるんですね。

小原　供養は、カルマの思想と密接に関係しているということですね。善行を積むという意味では、供養という行為の一つ一つが、大きなカルマのシステムの一部であると理解してよいですね。

佐々木　そうです。供養は本来カルマのシステムですから、出家したお坊さんは供養してはいけないんです。善業を積むといいところに生まれてしまいますから、供養という行為は、現世での幸せを望む在家の人だけの行為なんです。ですからタイやスリランカでは、出家したお坊さんが供養という行為をすることはありません。感謝の気持ちで手を合わせてお礼することはありますが、何かの果報を貰おうと思って供養することはありません。

小原　ということは、誰かが亡くなった場合に、在家の人がお坊さんに供養を依頼することもないのですか。

佐々木　ありませんね。逆に在家者自身がお坊さんを供養することによって、望みを叶えようと願います。「お坊さん、何かを探してください」ではなく、お坊さまを供養すると、その力で探しているものがみつかると、このように考えます。

小原　日本では供養はお坊さんにしてもらうというイメージが強いので、タイやスリランカでは、お坊さんは供養に関わらないというのは大変興味深いですね。カルマとのつながりや、供養の奥深さが少し見えてきました。ところで、供養はインド由来の行為なので、上座説仏教や大乗仏教という違いを越えて、仏教圏には広く供養の文化があると考えてよいですね。

佐々木　ただし、本来の仏教においては、おわかりのとおり、供養は悟りと結びつきません。それが大乗仏教になると、我々が俗世で善業を積むためにしか使えないと思い込んでいる行為は、実は悟りにも使えるという考えに変わります。これが大乗仏教が言うところの回向ですね。いつからか供養が回向と結びつくことによって、供養は現世の幸せを得ることにも、そして悟りに向かうことにも使えるということになったんです。

小原　供養を現世の幸せという目的に限定せず、悟りのためにも使えるという具合に概念拡張した点は、大乗仏教らしいと思います。そして、そのような大乗仏教的な供養が、日本にも入ってきたということですね。

日本人はなぜ供養が好きなのか

佐々木　日本に入ったら、出家在家を問わず、現世の果報であろうが、悟りであろうが、とにかく供養は役に立つということになって、供養一色になってしまったんですね。

小原　日本の場合は、我々が食べている動物や魚などに対して、供養をしている例が各地にあります。例えば、ケンタッキーフライドチキンは世界的なフランチャイズですが、日本においてだけ会社主催のチキン供養がなされています。日本には、供養せずにいられないような感覚があるのでしょうね。

佐々木　日本は他の仏教国に比べても、非常に供養が強く浸透しているんですね。そこにはやはり、「山川草木悉皆成仏《さんせんそうもくしつかいじょうぶつ》」、すなわち山や川のような自然の無機物にさえ、仏性があるという、日本仏教にしかない独特の自然観が強く影響していると思います。

小原　もともとは、善業を積んで、それが最終的に自分の悟りにもつながっていくという期待があったはずですが、今はそこまで考えて行ってはいないですよね。

佐々木　やっていないでしょうね。チキン供養や針供養などは、善業を積むのではなく悪業を消すんですね。悪業が溜まっているはずだから、それをこれでチャラにしてもらおうという考え方だと思います。供養によって、善業は増えるし悪業は消える。そのうえ、悟りにも近づける。供養は日本人にとって万能薬なのです。

小原　日本での新しいビジネスとして、ペット供養が近年話題になってきました。長年共に暮らしたペットには、針や人形よりもはるかに愛着がありますから、亡くなると供養したいという気持ちが出てくるのは自然なことだと思いますが、ペット供養は佐々木先生の視点から見るとどのように理解できますか。釈迦の教えからすれば、ペットの供養には意味がなさそうですが。

佐々木　そもそも、そういった供養を、仏教特有の儀礼だとは言っていないですよね。

小原　お寺が関わっていることが圧倒的に多いですが、その供養を依頼する方からすると特に仏教でなければならないというわけではないでしょうね。

佐々木　これは現代社会が生み出した、精神安定のための一種のセレモニーですね。死に関わるセレモニーなので、お坊さんに来てもらうのが当然、といった程度の認識だと思います。

小原　そうです。いくつかの教団では、動物を供養することの意味、あるいは、供養された動物が極楽や浄土に行けるのかどうかを、真剣に議論しているようです。

佐々木　お経には、極楽に行きたいと願って、仏のことを念じた者は必ず行くことができると書いてあります。だから、そのワンちゃんが、「僕は極楽に行きたい」と願って、仏を念じたことがあるなら行けるでしょうね。

犬は天国に行けないのか

小原　これはキリスト教にも関係する話で、近年、動物は天国に行くことができるのかという議論があります。伝統的には、死んだ後、天国に行けるのは人間だけです。そもそもキリスト教では、魂を持っているのは人間だけですから、魂を持たない動物は死んだら、それで終わりと考えられてきました。かつては、そうした考えに立脚した動物虐待も見受けられましたが、現代では状況が大きく変わってきて、動物保護法なども整ってきました。

そこで、家族のごとくに生活してきた犬や猫が亡くなった後に、果たして天国に行けるんでしょうかと、教会の牧師に聞く人も出てくるわけです。我々はそれに答えなくてはいけないのですが、天国に行けるのは人間だけです、動物は行けません、と言うと、その人を傷つけることになりますから、同様の議論が仏教の中で行われているのにはおのずと関心を引かれますね。

佐々木　仏教の僧侶がペット供養に関わることの是非について、判断の基準はそれが仏教的視点から見た善なのかどうかです。僧侶が行う行為が、その僧侶の修行生活に差し障りないのであれば、それは善です。差し障りがあれば悪です。そういうふうに善悪を決めています。例えば、どこの国にもありますが、くしゃみをするのは不吉なことなんですね。ですから、くしゃみすると横の人がめでたい言葉を言う。これは英語にもありますよね。同じようなことがインドにもあって、人がくしゃみすると隣の人が「長生きしてね」と言う風習があります。それで、お釈迦様が説教をしているときにくしゃみをしたら、大勢いる周りの弟子がみな、「長生きしてください」と口々に言うもので、そのたびに説教が止まってしまう。それでお釈迦様は、「お前らはそれを信じているのか。俗信を鵜呑みにするな」と言って、怒ったんですね。

そこまではよかったんですが、弟子たちが町に托鉢に行ったときに、町の信者さんがくしゃみしたんですね。ですが、弟子はお釈迦様に止められていますから、何も言わなかった。そうしたら、周りの人に、「お布施をもらって生きているくせに、くしゃみしても何も言わないなんて、なんて生意気な僧侶だ」と文句を言われた。それをお釈迦様に報告したら、お釈迦様は「信者の前では言いなさい」と言ったというんです。それは、信者との関係を維持するほうが、迷信の否定よりもはるかに重要だからです。信者との関係によって、教団が維持運営され、それによって修行の場を確保でき、悟りの道へ進むことができるのだから、それに対して障害になるようなことはやめろというわけです。この場合、信者の気持ちを汲むことが、僧侶にとっての善になるのです。ですから、ペット供養も同じで、ペット供養に関わるかどうかは、それに関わることで世間が僧侶をどう見るか、によって判断しなければなりません。社会通念がそれを良しと判断するような時代なら、あくまで仏道とは関係しないという前提付きですが、許されるべきでしょう。

小原　今の話を聞いて、お釈迦様は社会の現実を見据えたリアリストであるなと、あらためて思いました。ペット供養に対する仏教的な評価基準も明確になりました。修行の邪魔になっていなければ良しとされるという点では、ペット供養に関わっている僧侶は皆、邪魔になっていないと言うに違いありません。しかし、檀家も減ってきているので、ペット供養で一儲けしよう、という欲望でやっているお坊さんがいるとしたら、ちょっと事情が変わってきますよね。

佐々木　そうですね、僧侶は本来、商売をしてはいけませんから。

小原　元来はそうですよね。

佐々木　律があればということです。律には、僧侶が商売などの生産活動を禁じる旨、明確に規定されていますから。しかし、日本には律がありませんから、何をしていいのか悪いのかがわからなくなっている。そもそも、修行してはいけないという宗派まであるくらいですから、修行の役に立つ事は善で、修行を阻害することが悪、という基準がもう成立しませんよね。

小原　やはりこれも、きわめて日本的な問題だということですね。

佐々木　そうです。ですから、ペット供養問題に答えるときも、どの立場でこの問題に答えるかによって、答えが違うんです。釈迦の教えに即して答えるということであれば、今言ったように許されますが、浄土真宗の立場で答えるのであれば、阿弥陀信仰以外の宗教的儀礼は、阿弥陀にすべてをお任せするという他力の教義に背くから禁ずる、という独自の善悪観によって禁じられるはずです。

仏性思想は東アジアの特徴

小原　今の話に関連して、仏性について話をしたいのですが、一切衆生悉有仏性《いっさいしゅじょうしつうぶっしょう》という、すべてのものに仏性が宿っているという考え方は、宗派の違いを越えて、日本仏教に広く受容されていると思います。しかし、この考え方も釈迦の教えとはかなり距離がありそうです。仏性論は大乗仏教の中で発展してきましたが、とりわけ日本ではその影響力が今も強く残っているように思います。これも、日本仏教の特徴の一つと考えてよいでしょうか。

佐々木　これについては日本仏教の特徴とばかりは言えないですね。中国仏教、および朝鮮仏教でも仏性の思想が非常に強いのです。中国で南北朝時代に、『大乗起信論』という論書が、ものすごくポピュラーになって、それが朝鮮を通って日本に入ってくることにより、日本仏教も大いに影響を受けました。その『大乗起信論』が仏性思想の元になっていますから、仏性思想は中国仏教圏の特徴だということができると思います。

小原　その、すべてに仏性があるという見方を徹底していくと、もはや修行をしなくてよいという考えに結びつきかねないですよね。

佐々木　そうです。それで一番悩んだのが道元ですね。道元は釈迦と同じ修行の道を歩みたいと願っていた、誠実そのものの僧侶だったのですが、仏性思想のただ中に生まれてしまったため、修行の意味についてジレンマに陥ります。「私は何のために修行をするのか」と悩んだ末、悟りの確認のために修行をしているのであって、悟るために修行しているわけではないという結論を出した。これが今の曹洞宗の教義になっています。

小原　程度の差こそあれ、仏性論は東アジアで広く認知されているということですね。ところで、一切衆生悉有仏性を文字通りに受け止め、人間だけではなく、一切のものに仏性があると考えてよいのでしょうか。例えば、動物にも仏性があると言えるのでしょうか。

佐々木　それは仏教にはもともとなかった考え方ですね。

小原　一切をどのように理解するかによって答えが変わってくるということでしょうか。

佐々木　そうです。そこが問題で、仏性思想は本来インドで生まれましたが、インドでの衆生というのはあくまでも輪廻する衆生、生き物です。しかしそれが中国に入ると、だんだんと範囲が拡張され、森羅万象に仏性があるという考え方が少しずつ出てくる。ただ、その考え方はポピュラーにはなりませんでした。それが一気に広がったのが、日本の比叡山です。円仁とか円珍とか、あの辺りで、「この世のあらゆる存在には、仏となるべき特性が内在している」と言い始めたんですね。

小原　それが天台本覚思想ですね。

佐々木　ええ。もちろん、天台の影響を受けて他の鎌倉新仏教が出てきますから、どこの宗派にも、ある程度はその考え方が入っています。

小原　なるほど、宗派を超えた影響力を仏性論が持っていたのは興味深いです。そして日本の場合、生物に限定しない形で仏性論が解釈されていったということですね。

山川草木、天台本覚思想はなぜ生まれたか

佐々木　はい。山川草木ということです。これは、本来の仏教からするとびっくりするような話です。もともと、仏教は生き物の安楽のことしか考えませんから、外界の無機物世界には何の興味も持っていないんです。

小原　今議論していることは人間観の問題にも関係していきます。キリスト教の場合、仏性に対応するものとして「神の像」という概念があります。ラテン語でImago Deiと呼ばれ、キリスト教神学の初期の頃から議論の対象とされてきました。旧約聖書の「創世記」の冒頭には、神が最初に光あれと言われて一日目が始まり、六日目に人間を造るとい

う創造物語が記されています。二日目から五日目まで、この世界を段階的に造っていくのですが、人間を造るときにだけ、「神は御自分にかたどって人を創造された。神にかたどって創造された。男と女に創造された」（「創世記」一・二七）と記されており、人間だけが神にかたどって創造されたという点をめぐり、議論が交わされてきました。端的に言えば、人間だけにある神の像とは一体何なのか、ということです。

初期の神学者たちの中には、それは永遠の魂だと言う人もいれば、それは理性だという人もいました。創造物語に続いて、アダムとエバが神の戒めを破って、楽園から追放される失楽園の物語があります。もともと人間の中にあった神の像は、アダムとエバが罪を犯したことによって、完全に破壊されてなくなってしまったのか、今なお、形を変えて残っているのか、といった議論もなされてきました。こうした議論は、仏性論と響きあうところがあると思います。

佐々木　キリスト教の場合は、仏性に相当する特殊な優越性を、人間に限定したいという思いが強く働いているんですね。

小原　少なくとも西洋キリスト教では、そうです。東方正教会の伝統では、自然への関心が強まり、人間中心主義はいくらか和らぎますが、やはり基本は人間ですね。先ほども言いましたように、西洋キリスト教の伝統では動物には魂がありませんから、そもそも配慮の対象になりません。

佐々木　人間と動物を同等に見るのは、進化論と輪廻思想だけですね。ただ、それを山川草木まで広げるのかということです。ですから、これは人間中心主義の逆を行くわけで、人間だけが偉いというわけではなく、全てのものが我々と同じだと考える方向に進んでいくわけです。

小原　そのような意味で、進化論と輪廻思想を、現代の人間中心主義を相対化する思想として、評価することもできると思います。

佐々木　できると思いますね。

小原　人間の絶対性みたいなものは、そこから出てきませんからね。科学や技術の進展によって、人間は傲慢になり、横暴な力を振るっていますので、少しでも謙虚になって自分の立ち位置を見つめ直すことのできる視点が必要です。

佐々木　例えば、環境問題など、我々と世界を一体化して考える場合には、これはとても強い味方になるでしょうね。

小原　梅原猛さんが繰り返し強調されていたようなことですね。梅原さんは、環境問題との関係で、しばしば一切衆生悉有仏性と山川草木悉皆成仏に言及されていました。

佐々木　梅原さんが間違っていたのは、それが仏教本来の教えだと言ってしまった点ですね。それは大間違いです。後になって出てきたもので、釈迦の教えとは無関係です。まさに鈴木大拙系なんですね、日本仏教の特性を、なんらかの形で釈迦と結びつけて権威付けしたいという願望の現れです。

小原　山川草木悉皆成仏は釈迦とは関係ないけれども、東アジアで広がってきた思想としてとらえればよいですよね。

佐々木　そういう理解であれば、何も問題ありません。

小原　この思想をきちんと解釈すれば、現在の環境思想にも応用できそうですね。

佐々木　うまく考えればできると思います。ですが、そういった万物仏性主義の先に、時として、仏性そのものを超越的単一存在として想定する仏性一元論が出てくる。こうなると、邪悪な全体主義や専制政治容認論まで含んだ様々な一元主義の苗床になってしまう危険性があるし、実際、そうなってきた歴史もあるのです。これは思想というよりも、一元論を欲求する人たちの思いを満たすための共通のフォーム（書式）のようなものですから、そこに何を代入するかによって、いくらでも好みの思想を作ることができるのです。

小原　そうなんですか。

佐々木　ええ。山川草木国家悉有仏性と言ってもいいわけです。そうすると、国家という生き物が現れてくる。山川草木というのは、ただ単に、全部と言っているだけですから、その「全部」に何を含めるかは、個々人の勝手なのです。

小原　ちなみに、国家のような、人間でないものが仏性を持つのかといった議論はあったのでしょうか。

佐々木　具体的な形ではないけれども、「国体」とはそういう概念ですよね。

小原　それはそうですね。しかし、その場合には、仏性の視点から国家を特別視するという恣意性に対して、慎重になる必要がありそうです。全部に仏性があるという議論はきわめて包括的で平等主義的ですが、一歩間違うと、そのフォームの中に何でも突っ込むことができるわけですから。

佐々木　その危険性から逃れる唯一の道は、超越的実在を承認しないこと、つまりフォームそのものを否定することです。それこそが釈迦の教えです。

小原　仏性論は、人間以外の生物にも積極的に存在意義を認めるという側面を持ちます。他方、西洋の現代思想からは、それぞれの動物には本来的な権利があるという新しい権利論が誕生し、環境運動や動物保護運動に寄与してきました。このように見ると、思想の来歴はまったく異なりますが、両者の方向は案外似ている部分があるのではないかと思います。

佐々木　人と、人ならぬ生き物を同じ視点で見ましょうというところは同じですね。もちろんその考えには長所短所両方ありますが。

第6章　アジアの中のキリスト教と仏教

キリスト教に圧倒される韓国の仏教

小原　ここまで日本のことについて議論してきましたので、少し外に視線を向けてみたいと思います。とはいえ、全世界を見ることは到底できませんので、さしあたって東アジアにおけるキリスト教や仏教の状況を考えてみましょう。まず、韓国の場合は、国民の四分の一から三分の一ぐらいがクリスチャンです。朝鮮半島と日本の文化的・宗教的な背景は、非常に似ているにもかかわらず、日本ではクリスチャンの割合が一％を超えることはほとんどありませんでした。ところが、韓国は三割近くに及んでおり、仏教徒に匹敵するほどの数です。また、韓国の歴代の大統領の中にはクリスチャンが何人もいます。このように見ると、韓国の仏教界はキリスト教の勢いに押されて、かなり苦労している印象を持つのですが、佐々木先生はどのようにお感じですか。

佐々木　韓国に行ったとき、韓国の僧侶にソウル駅に迎えに来てもらったんですが、そのお坊さんが、「先生、裏から行きましょう」って言うわけです。表から出るとキリスト教の人に殴られるかもしれない。この前も友人が殴られたんですよって言うんです。

小原　お坊さんの格好をしていたからでしょうか。

佐々木　そうです。お坊さんだとわかると近づいてきて殴ったりするんだそうです。そこまで対立しているのかと驚きました。ですから、おっしゃるとおり韓国の仏教はキリスト教に非常に押されているし、キリスト教の方がパワーがあるようですね。それは布教能力だろうと思います、仏教はそれほど布教に力を入れませんからね。それもあって、一部の特定の熱心な信者さんはお寺に来るんですが、広がりという点では非常に押されています。

小原　ソウルに行くと、教会が視野に入らない場所がないくらい、あちこちに教会が建っていますよね。

佐々木　夜見ると、十字架のネオンサインだらけですよね。

小原　数が多いだけでなく、何万人もの人が来るような、メガチャーチと言われる巨大な教会が結構あります。

佐々木　あれは宗派でいうと何になるんですか。

小原　韓国の教会の場合、プロテスタントが多く、その中でも長老派教会が主流派です。韓国に最初に来た宣教師が長老派だったので、今もその人たちが結構強いですね。そうした人たちが中心になって、韓国のクリスチャン人口を増やしてきました。

日本の支配への抵抗がキリスト教を広めた

佐々木　朝鮮戦争がきっかけだと聞いた覚えがありますが。

小原　朝鮮戦争も一つのきっかけかもしれませんが、クリスチャン人口が伸びた、より古いきっかけは、日本による朝鮮支配とそれに対する抵抗運動です。それ以前、朝鮮半島におけるキリスト教は、日本におけるキリスト教と同様、外来宗教として拒否されていました。ところが、日本による統治の時代に独立のために戦った人たちの多くがクリスチャンであったことから、キリスト教に対する見方が徐々に変わってきます。例えば、三・一独立運動に名を連ねた人たちの半数近くはクリスチャンでした。

こうした経緯から、キリスト教は外国の宗教ではなく、自分たちの国や民族のために戦ってくれる宗教だということが徐々に認知されていったのです。太平洋戦争が終わった直後には、すでに四%ほどのクリスチャンがいたと言われています。朝鮮戦争の後、韓国では軍事独裁政権が続きましたが、そこで民主化運動の先頭に立った人たちの多くが、やはりクリスチャンでした。戦前も戦後も自分たちの民族の自由のために戦ってくれたということで、キリスト教に対する信頼感が増してきたわけです。宗教人口の増加には複数の理由が考えられますが、今述べたような歴史的な経緯が信者数の増加に関係していると思います。

これはおそらく東アジアに共通する現象で、台湾における民主化運動や香港における民主化運動においても、若い人たちのリーダーの多くがクリスチャンだと言われています。中国政府はそれを知っていますから、近年、教会への弾圧が強まっています。早い内に芽を摘んでおかないと危ないと考えているのでしょう。

佐々木　キリスト教は社会の変革に目を向けますからね。一方で、仏教はそれに関わらないという姿勢ですから、どうしても消極的になります。そういう意味では、一般の人に対するアピール度は全然違ってきますよね。

小原　キリスト教の場合には、社会の変革も大事ですが、まずは苦しんでいる同胞たちに寄り添い、必要によっては共に戦う道を選ぶことが多いと思います。ただ、アジアは朝鮮半島や中国に限らず、仏教の影響を受けている国が圧倒的に多く、しかもその中には、独裁政権であったり、必ずしも民主的とは言えない国もあります。そうした国においても、仏教の僧侶たちは政治から距離を置くのが基本なのでしょうか。民主化のために民衆の側に立って一緒に運動するといったことはないのでしょうか。

佐々木　律によれば、戦ってはならないとされていますから、本来的には距離を置くのが正しいのです。ですが、最近アジアの現場を見ますと、いわゆるエンゲージド・ブディズムで社会と関わりを持とうとする仏教が出てきています。これはおそらく、キリスト教に負けるなというところもあるんだと思いますが、それがスリランカや東南アジアで増えています。しかし、この活動は民主化を進めるというよりは、仏教信者の世界を守るという活動です。ですから、例えばスリランカだったら、タミールと戦う政府軍側を仏教界が後押しをするという話になっているんですね。ロヒンギャ問題の場合は、イスラムであるロヒンギャを追い出そうとする政府側を仏教が後押しする形になっていて、ただ単に、自分たちの仏教という組織を守るためにどちら側につくか、という視点のものだと思います。

小原　ロヒンギャの問題に関しては、少なくとも国際的な視点から見れば、ミャンマーの仏教は評判をかなり落としましたね。

佐々木　宗教が社会のために活動する場合、どうしてもその宗教側に立つ人が幸せになり、外側に立つ人が不幸になります。あるいは、ある特定の状況では人々を救っていた宗教が、状況が変わると苦しみを与える宗教になる。このような現象もまた、諸行無常の現れです。その諸行無常の原理を超えようと考えるのが仏教ですから、スリランカや東南アジアの、社会にコミットしようとする仏教者の姿勢はやはり間違っています。仏教が目指すのは、社会を変えて人々を救うのではなく、社会から疎外された人を受け入れて救うことなのです。

お寺は修行の場から祈願の場所へ

小原　ここで、視点を変えて、いくつか考えたいことがあります。佐々木先生は先ほどソウルに行かれたときの話をしてくださいました。韓国の場合、お寺が建っている場所は街中もありますが、どちらかというと街から離れた山の上などが多いように感じます。これは人里から距離を置くという理由から来ていると思うのですが、そこには日本のお寺との違いも感じます。日本でも、もともとは比叡山など、山の上などにお寺があったと思いますが、現在では、街中のあちこちにお寺がありますね。

佐々木　それはお寺が一種の職業として一般社会の中に組み込まれているからです。

小原　ということは、日本はかなり例外的であって、アジアの多くの国々では、お寺は街から離れたところにあるのが一般的だと考えてよいのでしょうか。

佐々木　いえ、そういうわけではなく、どの仏教国においても、街のど真ん中にお寺がある場合も結構あります。これは信者さんとのふれあいを大切にして、布教したいということで、街の真ん中にある場合もあるし、その国の権力者が、自分のお気に入りの場所に寺を建立している場合もあると思います。要は、修行を第一に考えて建てられたお寺は郊外にあるし、世俗との関係性によって建てられたお寺は街中にあるということです。

小原　そういう形態は比較的最近の話だということですね。

佐々木　はい。本来お寺は、街からちょっと離れたところにあるんです。完全に離れると托鉢ができませんから、せいぜい数キロというレベルだと思います。昔のお経に出てくるお寺は皆、そういう場所に建っています。現在のお寺のあり方について言えば、例えばタイでは、修行寺と街中寺という二つのグループに分かれているんです。街中寺は、人と出会いながら勉強したり、一般の人にお説教したりという活動をしていますし、修行寺では山の中でひたすら修行しています。韓国では、例えば有名な海印寺は、人里離れた山の中にありますよね。

小原　中国のことについても教えていただきたいのですが、先ほど、国際会議などで、中国人仏教研究者が自分たちの仏教を高く評価するために、日本の仏教を反面教師的にとりあげているという話がありました。こうしたことから、中国においては、共産党の宗教統制が厳しくなっているとはいえ、仏教が息を吹き返していると考えてよいのでしょうか。

佐々木　おそらくそうです。もちろん後ろには必ず共産党の監視の目が光っているでしょうが、共産党が許す範囲においての仏教がものすごい勢いで広がっていることは確かです。

小原　人々が仏教を求めているということでしょうか。

佐々木　そうです。お金を儲けるための、お祈りの場としてお寺があるということです。

小原　祈りの場というのはわかるのですが、救済のための祈りというより、もっとお金が欲しいということを祈願する場所としてお寺があるということですか。

佐々木　健康やお金でしょうね。人の生き方そのものを変える場である、などと主張すれば、共産党から目を付けられますから、もっと目先のことで、お寺へ参ればいいことがありますよというわけです。そういった風潮の中でお寺がどんどん増えて、かつ国は経済発展していますから、莫大なお金がお寺に集まるわけですね。ですから、数百億円持っているようなお寺も結構あります。

小原　教会の場合、巨大化したメガチャーチは、汚職やスキャンダルの巣窟になることもあるのですが、お寺もそれだけのお金を持ってしまうと、堕落の原因になりはしませんか。

佐々木　既に堕落している僧侶もかなりいるようです。お坊さんの中には寄ると触ると自動車の話とか遊びの話とか、そういうことばかり口にする人も大勢います。それを見て、嫌だと言ってる人にたくさん会いました。

小原　となると、はたして仏教が本当に復興しているのかどうかよくわからない状況ですね。

佐々木　少なくとも本来的な復興ではないですね。お坊さんはいい目に会っていますが。

小原　しかし、そうであってもお寺で祈願できることが、一般の人にとってはありがたいということですか。

佐々木　一般の人は、例えば日本人が神社に参る程度には信じているんだと思います。

小原　素朴にご利益を期待するという点では、日本の宗教風景とさほど変わらないということですね。

佐々木　何も変わりはありません。

中国の仏教と共産主義の関係

小原　中国にも仏教の宗派はありますよね。何か特徴的なものはあるのでしょうか。

佐々木　韓国もそうですが、その特性は禅です。それに念仏を組み合わせることも多いのですが、基本は、出家して瞑想修行に励むという点で、基盤は禅宗です。

小原　広くは禅宗であるということですね。

佐々木　そうです、広く見て禅です。

小原　それは道元や栄西が学び、日本に伝えたものと同じだと考えてよいのでしょうか。

佐々木　いえ、様々な考えが混在し、それがそれぞれ、時代的に変容していくわけですから、道元、栄西時代の仏教がそのまま現在も中国に残っているとはとても言えません。ですが、一般の人から見ると、どのお寺もご利益のための触媒として存在しているわけで、この視点から言えば、今も昔も、お寺の存在意義は変わっていないと言えるでしょう。共産主義の流れがあっても、民間の中では仏教への信心が残っているということです。

小原　なるほど。習近平政権になってから、宗教政策が厳格化されていることは明らかで、近年の国際報道で話題になった、ムスリムの中国化という方針も顕著です。ムスリムのように職業訓練を名目とした再教育キャンプに移されるということはないにしても、中国化という方針はキリスト教にも向けられています。共産党の方針からはみ出すような聖書解釈は当然御法度となります。その点、仏教はそういうことを気にしなくても大丈夫なのでしょうか。

佐々木　仏教についても、共産主義に反することを唱えると危ないですから、それは言わないことになっているんですね。それでも最近は次第に締め付けが厳しくなってきているようで、仏教関係者も危機感を持っています。

海外に広がる禅の修行スタイル

小原　中国では禅が強いということですが、世界的に見ても、仏教は禅というイメージが強いと思います。欧米では禅がトレンドのように広がっています。欧米の大きい街には、たいてい禅メディテーションセンターがあって、そこに老若男女が集まっています。メディテーションをするだけでなく、禅の教えそのものに関心を持つ人も少なくありません。その意味では、禅は非常に国際化した仏教と言うことができそうですが、他方、禅を生み出した日本では、京都でも、一般の人々が禅に親しんでいるかというと、そういう人はかなり稀です。海外からすると、禅というと日本という連想がありますが、本家の日本あるいは京都においては、あまり関心を向けられていないという、この状況を佐々木先生はどう見ておられますか。

佐々木　日本では僧侶といえば、檀家回りや拝観料で生計を立てている職業人というイメージが強くて、修行の人という印象があまりありません。僧堂の雲水さんや、山伏系の修行者といった、ごく限られた人だけが、真の修行者と見られています。ですから、我々が禅に対して持っているストイックな面があまり見えてきません。ところが、海外に行きますと、禅をやっているのは本当の修行者で、朝から晩までそればかりやっているわけですね。青い目の僧侶が座っているわけですよ。そういうのを見て周囲の欧米人たちも惹かれるのだと思います。仏教で食べている人たちと、仏教で修行している人たちの生活スタイルの違いが原因なんですね。

小原　ということは、禅の精神が海外で形を変えて息づいているということ自体は、決して悪いことではないということですね。

佐々木　ええ、いいことだと思います。海外の禅センターは誰でも入ることができますし、多額の寄付を要求されることもない。修行の形態も、いろんな世代の方が実践できるように、それぞれに考えられています。ところが、日本の場合は全員が同じ修行を一律にやりますし、禅堂にはお寺の息子がたくさん入ってくるわけですから、特別な人たちだけの特別な場みたいになっていて他の人が入りにくいんですよ。最近はそれに反省が出てきて、もう少し開かれた修行の場を作らなければならないという話になってきています。うまくいけばいいなと思っています。

小原　花園大学は、そのような取り組みのセンター的な役割をしているのですか。

佐々木　しないといけませんね。最近はヨーロッパにもアメリカにも、禅宗の後を追う形でチベット仏教が入ってきていますし、さらに、ミャンマーを中心としたいわゆる上座説仏教が第三波として入ってきて、これが禅をしのぐ勢いになっています。禅は老舗ですから、既に言葉として定着して、それで一見人気があるように見えるんですが、実際の勢力においては、上部説仏教に負けているかもしれません。

小原　上座説仏教も禅的なことをするわけですね。

佐々木　そうです。しかも釈迦の教えをそのまま伝えているという強い自負がありますし、律も厳格に守っています。

小原　釈迦の教えと瞑想修行が組み合わされるとなると、上座説仏教は、かなり強烈に現代人の心に響くかもしれませんね。

佐々木　そうなんです。最初に禅で目覚めた人たちが、もっといいのがあるんじゃないかと思ってしまうわけです。もったいないですね、日本の禅が伝わっているんだから、もうちょっと大事にしてほしいと思います。

魂の救済とは——キリスト教の場合

小原　それでは最後に、救いとは何か、あるいは、悟りとは何かということを、キリスト教と仏教を比較しながら考えたいと思います。キリスト教の場合、救いは多義的で一言でまとめることは難しいですが、伝統的には、罪が贖われる、あるいは死後に魂が天国に行く、といったイメージになります。救いをどう考えるかについては、一六世紀に、カトリックと異なる考え方を宗教改革者たちが提示しました。争点は何によって救われるのかという点にありました。プロテスタントの側からすれば、贖宥状を買うような人間側の行為によって救われるのではない、神の恩寵によってのみ救われるのだということが強調されました。救いは行いによるのか、神の一方的な恩寵・恵みによるのかという対立は、キリスト教の中では長く争点として続いてきたのですが、仏教の場合、どうでしょうか。釈迦は、行い、修行に関心を集中させたと思いますが、後の大乗仏教では阿弥陀仏による救いという考え方が出てきましたよね。

佐々木　はい、阿弥陀信仰では自分の修行よりも阿弥陀による救済が上位に置かれました。全否定しました。

小原　救いの構造に関して、大乗仏教はプロテスタントに近いところがあると思います。日本の仏教研究でも、浄土真宗とプロテスタンティズムの比較がよくなされてきました。

佐々木　よく耳にしますね。

小原　浄土真宗とプロテスタンティズムは、人間の行いに対し否定的です。こうした側面を、釈迦の仏教と比較すると、どのようなことが言えるでしょうか。

欲求の否定――仏教の場合

佐々木　根本的に違うところは、究極の安楽とはどういう状態かという想定ですね。おそらく、魂が救われて天国に行くとか、神の国が現れるというのは、魂が存在し続ける状態で、最高の幸せが来ることを想定していると思います。それはある意味では、魂が望む欲求が全て叶えられている状態が実現するという、つまり欲求の実現であって、キリスト教ではそれを最終の幸せとしています。ところが仏教の場合には、欲求して何かの状態を獲得するという、そういった到達目標はないと言っているわけです。では、仏教での最終目標は何かというと、これはつまり、欲求しなくなることです。ですから、そういう意味で、外界との関係性は、安楽の実現にとって何の役にも立ちません。自己変革だけが唯一の道なのです。

小原　今の説明によって、仏教とキリスト教のコントラストが非常に鮮明になりました。

欲求を捨てること、あるいは欲求にとらわれないことが、釈迦の教えの重要な部分だと思います。それに対し、イエスは「求めなさい。そうすれば、与えられる。探しなさい。そうすれば、見つかる。門をたたきなさい。そうすれば、開かれる」（「マタイによる福音書」七・七）と語りますので、超越者としての神を前提とした上で、人間の欲求の方向を問題にしています。つまり、救いとは何かを考えるとき、超越者を前提にしているかどうかで、キリスト教などの一神教と釈迦の教えとは、かなり異なったものになりますね。

佐々木　それが最初に言った、幸せの多様性にあたるわけです。どういう状況を幸せだと考えるかは人それぞれですし、その一番コントラストの強い状態が、一神教の幸せと仏教における幸せの違いに現れているのです。

親鸞による思想の大転換

小原　しかし、釈迦の仏教と異なり、大乗仏教では超越的存在として阿弥陀仏などを想定し、とりわけ、浄土宗や浄土真宗では阿弥陀の本願によってのみ救われると考えます。これは一神教に近い要素を持っていますよね。

佐々木　阿弥陀信仰も、もともとは阿弥陀によって欲求が全て叶えられる状態を目的とはしていなかったんです。極楽に行くのはなぜかというと、涅槃に入るのに一番そこが適した場所だったからです。涅槃というのは欲求がすべてなくなった状態ですから、阿弥陀信仰ももともとは釈迦と同じで、ただ単に、涅槃に至る道として、極楽というとても良い中継地点がありますよと言っていたんですが、いつの間にか涅槃が消えてしまったわけです。まず、中国で消えて、それをさらに強調したのが日本浄土思想です。ですから、浄土真宗は、本来は欲求のない自分を目指していたものを、欲求が全て叶う状態へと目的を転換しているのです。

小原　前に話した、一切皆苦から一切皆楽への転換に似ていますね。親鸞がそうしたということですか。

佐々木　日本の浄土信仰はおおよそすべてそうです。その他の法華経系教団や密教教団も、多かれ少なかれ、欲求の充足を最終目標に含めています。

小原　欲求がなくなった状態と、欲求が満たされた状態、あるいは極楽浄土というのは、まさに正反対ですね。

佐々木　そうです。ですが、それが日本における阿弥陀信仰の本質ですから、阿弥陀信仰とキリスト教を比較すれば、非常に似たところがあるのは当然のことです。つまり、同じ目的を持っている、ある種一神教的な価値観の中にいるわけです。

小原　阿弥陀一仏信仰と言えるわけですね。

佐々木　ええ、そのとおり。阿弥陀が創造者ではないという点は違いますが、立ち位置は同じです。どちらも同じ形での幸福を目指しているのです。

浄土宗信仰は日本的プロテスタント——カール・バルトの慧眼

小原　一九世紀の後半から二〇世紀ぐらいになると、ヨーロッパ神学の中でも仏教研究が進みました。二〇世紀最大のプロテスタント神学者と言われているカール・バルトは、彼の代表的な著作である『教会教義学』の中で、浄土宗・浄土真宗を浄土運動としてまとめ、プロテスタンティズムとの比較をしています。プロテスタントは、恵みによってのみ義とされる「恵みの宗教」であることを自分たちのユニークな点として見ているが、宗教改革よりも早く、鎌倉時代、日本の浄土運動の中ですでに実現しているのだから、プロテスタントの専売特許とするなとバルトは述べています。彼は浄土運動を「日本的プロテスタント主義」とさえ呼んでいます。日本的プロテスタント主義に対し、キリスト教的なプロテスタント主義が誇るべきものはない、しかし、唯一、キリスト教において真実なものがあるとすれば、それはイエス・キリストという名だけだと言い切っています。当時の超一流の神学者の目から見ても、二つの思想はこれほどまでに同じように見えていたということです。

佐々木　慧眼ですね。キリストに相当するのは、阿弥陀信仰では釈迦ですからね。阿弥陀の言葉を、地上の我々に伝えてくれたのが釈迦という位置づけです。

小原　なるほど、キリストが神のメッセンジャーであったように、釈迦は阿弥陀のメッセンジャーであったということですね。そこで私は、釈迦の教え、つまり欲求がない状態と、阿弥陀により欲求が叶えられた状態のギャップに関心が向きます。両者のギャップを把握して、それを超えていく作法がないと、釈迦の教えに戻ることは難しいのではないかと思います。日本は浄土信仰が強いから、欲求が満たされる浄土を望みつつ、最期を迎えましょうといったことだけで、すべてが収まるのであれば、それでもよいのですが。

佐々木　浄土信仰系の信者の数は多いですが、信仰の力は衰退しています。阿弥陀様の実在性を信じて生きている人はほとんどいないと思います。僧侶でさえ、「阿弥陀は私たちの心の中におられる」などと平気で言う時代です。そういう意味では、浄土信仰の中でも、欲求が全て充足されるという約束を、現代において信じきることは非常に難しいです。難しいからこそ、今、釈迦の教えが力を持ってきたりするわけで、これをスリランカから来たお坊さんが広めたりしているわけです。

小原　時代状況の変化にどのように対応すべきかは、いつの時代も課題ですね。例えば、現代社会では、資本主義経済に基づいた幸せの指標として、物質的な豊かさの追求があります。何かを得たとしても、もっと欲しいという欲求にとらわれることによってこそ、資本主義経済が回りますし、その欲求をさらに刺激し、欲望を拡大させることが、現代ビジネスの目的になっています。そのような欲望の無限循環の中で幸せになれる人もいるかもしれませんが、それに疲れ果てて、もう生きるのも嫌だという人たちも少なからずいるはずです。このような時代であるからこそ、欲求にとらわれない価値観の大切さを、きちんと伝えるべきだと思います。

佐々木　そのとおりだと思います。私もそれをやろうとしています。ただ、世界中が欲求にとらわれないようになりましょうとは言いません。そうすると世界が破滅しますから。

小原　確かに、世界が持続するためには欲求は必要ですが、それが過剰になったり、暴走しないようにする知恵が必要ですね。

佐々木　ですからやはり、宗教というものは、俗世の価値観に耐えられなくなったり、疑問を感じたらいつでもいらっしゃい、という待つ姿勢で存在すべきだと思います。

逃れられる場所としての宗教

小原　社会の本流は、欲求にとらわれている人たちであったとしても、そこから逃れられる場所がどこかにあるべきで、それを宗教が提供してきたということですね。

佐々木　そうです、宗教の価値はそこにあるということです。

小原　そうであれば、宗教はやはりニッチな領域に腰を据えてとどまるのがよさそうですね。かつてのキリスト教のように、宗教が社会に絶大な影響を与え、社会をコントロールしていた時代もありましたが、それによって、宗教がかえって社会の仕組みの中に取り込まれ、結果的に宗教本来のあり方を見失ってしまうこともあります。

佐々木　多くの人を不幸にしますからね。

小原　世俗化した現代社会の中で、宗教が社会の周辺に追いやられているかのように見えたとしても、宗教の役割や魅力を再発見しに、どうぞ来てくださいというように、あえて控えめに存在していた方が、かえって本来の使命に立ち返ることができるように思います。

佐々木　まったく同感です。ですから、我々もそういう立場でやらなくてはいけないと思っています。

終章　変化する世界の実相を複眼的に見る

小原克博

これまでも、時に敵対的な関係を伴いながらも、仏教とキリスト教は互いに向き合ってきた。ザビエルが伝えたキリスト教は、その最初のきっかけとなったが、まったく新奇な教えに対し、仏教界は警戒心を隠さなかった。キリシタン禁制が本格化する江戸時代初期には、キリスト教を批判するための耶蘇論駁書《やそろんばくしょ》が著された。カトリックの宣教師たちも、仏教に対しては、概して無知であり、結果として、敵対的な関係になることが多かった。キリシタン大名の領内において、寺院仏閣の破壊が行われることがあったが、このことがキリスト教に対する反感を煽ることになったのは想像に難くない。こうした両者の不幸な関係は、キリシタンに対する徹底した弾圧が進み、キリシタンが消滅していく中で、徐々に忘れられていったが、同時に「邪教」としてのキリスト教のイメージが深く潜伏・拡大することにもなった。

近代以降、日本社会はキリスト教と第二の出会いを果たし、緊張関係を伴いながらも、国策のもと、仏教とキリスト教が共同歩調を取ることもあった。戦前も、学問レベルでの対話はあったが、それが政治状況を気にすることなく行われるには戦後を待たなければならなかった。哲学者・滝沢克己（一九〇九―八四）は西田幾多郎とカール・バルトの影響を受け、仏教とプロテスタント神学の対話を目指した。近年、禅仏教とカトリックは霊性をめぐる相互交流の歴史を持っているし、浄土真宗とプロテスタントは、その信仰構造の近さゆえに、数々の対話の機会を持ってきた。本書における対話が、こうした長い来歴のもとにあることは言うまでもない。

しかし同時に、本書には、これまでの対決や対話にはない新しさも多く含まれている。第一に、最先端の学問的恩恵を受けながら、仏教やキリスト教の起源史や歴史的多様性を踏まえた上で、自己理解と他者理解を深めようとしている点である。仏教もキリスト教も、すでに長い歴史を持ち、その起源から見るならば、我々は遠く隔たった地点に立っている。通常、出来事に対して時間的に近いほど、それをより鮮明に記憶し、理解していると考えられるが、宗教に関しては、必ずしもそうではない。少し思い切った言い方をするならば、たとえば、中世のクリスチャンたちより、現代の我々の方が、イエスやイエスの生きた世界に対して、より正確で、広い知識を持っている。また、鎌倉時代の僧たちより、現代の仏教学者の方が、仏教の歴史の全体像や釈迦の教えの変遷について多くの知識を持っている。現代において、失われたものもたくさんあるが、学問的知見の蓄積により、仏教やキリスト教の実像や全体像に迫る力を、現代の我々はそれ以前の時代の誰よりも多く手にしているのだ。この時代の恩恵を生かすことなく、ただの宗教嫌いにとどまっているのは、あまりにもったいない。宗教リテラシー（基本的な知識）の欠如が、数々の問題の原因にもなっていると「序章」で述べられていたことを思い出してほしい。

本書の新しさの第二は、かつての対話では射程に入らなかったような世界の変化、すなわち、インターネットの影響、地球温暖化に代表される環境問題の深刻化、社会の世俗化に伴う宗教の私事化・教団組織の弱体化などを、仏教とキリスト教、両宗教の共通の課題として扱っている点にある。仏教とキリスト教の相違点や類似点を指摘し、対話の糸口とすることは、これまでもなされてきた。しかし、本書ではそれにとどまらず、共通の課題を踏まえた上で、それに対して多様なアプローチや考え方があることを示している。

第三に、仏教やキリスト教という個別宗教のあり方に終始するのでもなく、宗教とは何かを一般論・抽象論として問うのでもなく、本書は、仏教とキリスト教を比較する中から、宗教が持つ人類史的な意味、その現象全体を知るための手がかりを提供しようとしている。現代世界においては、どの地域も宗教的に多元化しており、一つの宗教の有様を、他との関係を無視して単独で語ることは、もはやできない。仏教とは何か、キリスト教とは何かという輪郭を描き出そうとすれば、内部からの自画像の描写だけではなく、他との比較を通じて、外部からどのように見えるのか、あるいは、他者からどのように見られているのかを考える必要がある。「序章」において「「仏教とはなにか」「キリスト教とはなにか」といった、個別紹介の書物や映像は世に氾濫しているが、宗教という現象全体を把握するために、仏教なりキリスト教なりの個別宗教を考察していくという論説はあまり存在しない」と記されていたことを、ここで思い起こしたい。本書では、宗教における個別と普遍を追求し、その両者の間を行ったり来たりしているが、この「終章」では、あらためて本書の重要なテーマを振り返りつつ、課題を整理してみたい。

科学的世界観と宗教的世界観

科学が高度に発達し、科学によって世界のすべてが説明できるかのような時代において、なぜ宗教的世界観が大切なのか。これは、本書全体を貫くテーマでもある。縁起の教えに典型的に見られるように、宗教的世界観は科学的世界観と対立するものでない。ただし、仏教は単に因果法則を問題にするのではなく、その倫理性に着目する。しかし、それはこの世における善悪観ではなく、涅槃をもたらす行為（仏教修行）こそを高次の善として理解する独特な二重構造を仏教が持つことは、佐々木先生によって論じられていた通りである（第1章）。苦しみがあっても、その原因やプロセスを知れば、取り除くことができる。

そのための仏教のエッセンスが、諸行無常、諸法無我の教えであった。

現代は科学が発達し、学問が細分化し、結果として、世界観もまたその全体性を失ってきた。かつて、洋の東西を問わず、人は夜空の星を眺め、そこに天空の秩序を見出し、それと地上の秩序の関係を思索し、大きなコスモロジー（世界観・宇宙観）の中に、自分や他の命を位置づけてきた。その行為を非科学的と切って捨てることはできないだろう。世界の秩序、成り立ち、人の命の起源について考える営みの中に、近代科学につながる人間の知的好奇心、とりわけ、世界を理解したい、説明したい、という根源的な欲求を見ることができるからである。

近代科学は確かに世界の細部のメカニズムを、かつてなかったほどに詳細に明らかにした。細胞やDNAのようなミクロの世界から、宇宙や銀河・惑星のようなマクロの世界まで、科学的な探究は及んでいる。しかし皮肉なことに、現代社会では、科学技術のおかげで「私」が世界の中心であるかのように振る舞うことができても、その世界は「私」が作り出した小さな幻想世界であるかもしれないという疑いの目を持つことが難しくなっている。諸法無我の教えは、「私」の思い込みや傲慢《ごうまん》を批判的に対象化する上で、きわめて有用である。

科学と宗教の対立の事例として、もっともよく取り上げられるものの一つに、米国における進化論論争がある。ダーウィンの進化論と聖書の「創世記」に記された創造物語（神による天地創造）を対立的にとらえ、保守派のクリスチャンは進化論を神否定の思想として批判する。進化論は、神の存在を前提にしないだけでなく、西洋キリスト教世界において長らく前提とされてきた人間の特権的地位を揺るがす力をも持つので、原理主義的傾向を持った保守派のクリスチャンが過剰に反応してきたことも理由がないわけではない。

しかし、科学と宗教を対立的にとらえすぎることは、聖書の読み方を狭めることになってしまう。聖書の創造物語は、それが書かれた時代の科学的世界観（宇宙や生命が段階的に作られていくという古代バビロニアの考え方）を素材として取り込み、信仰の視点からそれを換骨奪胎《かんこつだったい》して、聖書の新たな世界観を提示している。見方を変えれば、そこには科学的世界観と宗教的世界観の絶妙な調和がある。

仏教にしても、キリスト教にしても、その教えの元になるテキスト（聖典、文献）に対して、画一的な解釈を強いて、多様性を阻害すると、世界観そのものが硬直化してしまう。その事例として原理主義の問題に触れたが、これは宗教現象を俯瞰する上で、重要な切り口となる。

原理主義をめぐる課題

本書では、科学的世界観と整合性を取るために、現代の宗教が「こころ教」になりつつあると同時に、その反動として、科学的世界観を拒否し、旧来の宗教的世界観の正当性を主張する「原理主義」が現れているという見取り図が、佐々木先生により示された（第1章）。それを「原理主義」という言葉を生み出したアメリカの歴史的文脈において確認した（第2章）。原理主義者が批判したものには、進化論だけでなく、近代の文献学がある。近代文献学からの衝撃をどのように受けとめるべきかは、仏教とキリスト教に共通する課題であった（第4章）。

原理主義に対し、否定的な意味合いのみを付与するのではなく、本書では、原点への回帰として、その肯定的な側面にも目を向けている。信仰のシンプル化が、宗教改革期のキリスト教においても、鎌倉仏教においても起こっており、カール・バルトに代表されるように、プロテスタントと浄土宗・浄土真宗の信仰（信心）の構造の類似性はこれまでも指摘されてきた。しかし、キリスト教が聖書という原点に立ち返ろうとしたのに対し、鎌倉仏教、さらに大乗仏教は、釈迦の教えに立ち返ったのではなく、「最新モードを創作した」

という佐々木先生の説明（第5章）には、目を開かれる思いがした。こうした比較を通じて、仏教とキリスト教の違いだけでなく、それぞれの伝統の内部に多様な運動があること、それによって宗教の刷新や再活性化が行われてきたことを再認識することができる。

その意味では、原点に返ること（あるいは、原点を新たに創作すること）により、歴史的な堆積物を取り除き、信仰のエッセンスを回復しようとする、広い意味での原理主義は、宗教がその生命力を維持するために欠かせないものと言えるだろう。生きた原理や理念は、外部世界や自分自身に対する、よい「センサー」となり得る。また、「私」が狭い世界観に囚われている危険性を「検知」したり、起源と現在との間の距離を「測定」することもできる。状況によっては、時代の支配的精神に抵抗する力にもなるだろう。

しかし同時に、原理主義に関して、我々が気に留めておくべきなのは、偏狭な原理主義の周辺には、自己批判ではなく、自己正当化・自己絶対化しようとする誘惑が絶えず存在し、それが暴力的な形を取ることもあるという事実である。歴史を振り返れば、単一の固定的な原理に安住できないことは明らかである。それゆえ、文献や歴史に対する解釈学的営為を中断するわけにはいかない。現代においては、自己絶対化に対する解毒剤の一つとして、他の宗教との対話をあげることができるし、科学的知見も有用な働きをするはずである。

ちなみに、広い意味での原理や理念の位置づけは、宗教だけではなく、企業や学校など、あらゆる組織が直面する課題でもある。組織の持続性と改革、理念の形骸化と再活性化といった課題に、まったく無関心の社会集団は存在しないだろう。本書では、仏教のサンガやキリスト教の教会を事例として取り上げたが、宗教やその歴史を学ぶことによって、宗教以外の組織も、変化の激しいこの時代において、何に立ち返り、何を変えていくべきなのかを考えるヒントを得られるに違いない（拙著『ビジネス教養として知っておきたい 世界を読み解く「宗教」入門』日本実業出版社、第1章参照）。

ネット世界の拡大と宗教

時代の変化をもっとも如実に示しているものの一つは、コミュニケーション技術の革新である。スマホなどのIT機器を介して、常時、インターネットとつながっている現代人が、ネット世界から受ける影響は計り知れない。この問題に向き合うために議論の出発点としたのが、佐々木先生による「ネットカルマ」という考え方であった。古代インドに由来するカルマのシステムは、人間の善悪の行為のすべてを「記録」し、人はその倫理的因果関係から逃れることはできない。簡単に言えば、それは自業自得の自己責任論であるが、ネット上に、失敗や犯罪など、特定の行為が半永久的に「記録」され続けるネットカルマは、仏教が前提としてきたカルマ以上の過酷さを伴うが、その苦悩からの離脱の道を仏教が示すことができることを佐々木先生は示されていた。

囚われていることの自覚、そこからの自由の獲得は、多くの宗教がテーマとしてきたことであり、キリスト教も例外ではない。それは「救いとは何か」「幸せとは何か」という問いにもつながっていく（第6章）。それはまた現代人が、宗教の有無にかかわらず、直面している普遍的な課題でもある。現代人は、インターネットによって煩悩の箍《たが》を外してしまった。欲望を際限なく駆り立て、承認欲求を巧みに操作することによって成り立っているネット社会に対し、無防備のままでは、抵抗する術はない。

さらに言えば、「記録」だけがネット社会の脅威ではない。今後、ビッグデータを背景にした人工知能が、我々の選択を「最適化」された解へと「誘導」していくことは、多くの領域で当たり前になっていく。すでに現代人の志向性や価値判断の多くは技術によって媒介されており、人間は純粋な意味で自律的で自由な存在であるとは言えない。選択に無駄な時間を使う必要のないように「最適化」された選択肢が目の前に示されることを、オンライン・ショッピングなどで我々は経験済みであるが、便利さの背後に潜む、自由の「擬制」（本物のように見えるが、本物ではないもの）を見破る知恵が必要である。自分の意志で何でも簡単に選択・購入できる便利なシステムの中で、我々は実のところ、ビッグデータに誘導され、他者の欲望を模倣しているだけかもしれない。

こうしたネット世界のあり方は、いかにも現代的であるが、人間の止まることのない欲望、渇愛がその根底にあることを理解すれば、それは人類史における長年の課題であり、仏教が直視してきた人間心理でもあることがわかる。現代のネット社会の深部を見据え（「ネットカルマ」はその好例）、同時に、その外部に立つことができる視点を、宗教は提示できないだろうか。

人類は有史以来、道具を作り続けてきた。そして、その道具によって、人間の意識や生活そのものが変えられてきた。道具はモノや獣肉を切断する鋭利な石器のように利便性を追求したものばかりではない。三万年前には、半神半人の像のような複雑な造形物も多数作られており（ドイツで発見された最古の彫刻「ライオンマン」はその一例）、儀礼において使う各種の道具は利便性を目的とするものではなく、むしろ、日常と非日常をつなぐ役割を担っていた。現代の我々が、バーチャル・リアリティ（VR）や拡張現実（AR）と呼ぶものの基本型は、すでに太古の宗教経験の中に見出すことができる。

我々が慣れ親しんでいる日常生活を「リアル」な世界と呼び、日常から隔てられた世界を「バーチャル」な世界（浄土、極楽、天国等にも対応する）と呼ぶとすれば、太古の昔から、人類はリアルとバーチャルの区別と交流を知っていたのである。その交流のよきバランスを、現代において再構築することが、現代に生きる宗教の課題となるだろう。ネット社会を一方的に断罪するだけでは、問題は解決しないのである。

日本のエコシステムの活用

ネット社会への依存は人間精神に多大な影響を与えるが、人間の物理的な生活空間そのものに甚大な影響をもたらし始めているのが、地球温暖化に代表される環境問題である。仏教は世直しや社会問題を解決することを目的とはしないが（第1章）、人間の欲望に端を発する苦しみについて仏教の知見から学び、それをグローバルな大量消費・環境破壊への洞察の糸口とすることは可能である。

環境問題を考えるための手がかりとして、本書では、供養や仏性に対する独特な理解を含む日本の自然観を取り上げた（第5章）。仏教誕生以前のインドに由来する供養は、東アジアに広く伝播したが、とりわけ日本において独特な発展と定着を遂げた。日本の伝統においては、人間と人間以外の生き物や自然物との境界線は明瞭ではなく、むしろ、それらはつながっており、人間に絶対的な優位性を与えてきた西洋の人間観・自然観とは対照的とも言える。

そのような日本の伝統的なエコシステムを、どのように現代に生かすことができるだろうか。日本の環境運動やエネルギー政策の現実を見る限り、日本の取り組みは、世界における先端的な取り組みから周回遅れの感もあるが、資本主義的価値とは異なる「幸せ」の指標を与えてくれる可能性を、宗教的なエコシステムは有している。自然やエネルギーを我欲のために大量消費することだけが「幸せ」を生み出すわけではない。

西洋キリスト教であれば、日本の宗教的エコシステムを、アニミズム的な無知蒙昧《むちもうまい》として否定することになるが、日本のクリスチャンの中には、そのような否定の態度を取らなかった者もいる。ここでは、徳冨蘆花（一八六八―一九二七）という小説家（小説『不如帰《ほととぎす》』で有名。彼は兄の徳富蘇峰と共に同志社で学んでいる）を例としてあげたい。彼はクリスチャンとして生活する中で、自然の機微を描写した多くの文章を残しているが、その中から、「白」という名前の犬について記した作品の冒頭の部分を引用してみよう。

「彼（注：徳冨蘆花のこと）の前生は多分犬であった。人間の皮をかぶった今生にも、彼は犬程可愛いものを知らぬ。子供の頃は犬とばかり遊んで、着物は泥まみれになり、裾は喰いさかれ、其様《そん》なに着物を汚すならわたしは知らぬと母に叱られても、また走り出ては犬と狂うた。犬の為には好きな甘い物も分けてやり、小犬の鳴き声を聞けばねむたい眼を摩《さす》って夜半《よなか》にも起きて見た。」（「白」、『みみずのたはこと』一九一三年、所収）

ここでは西洋のクリスチャンであれば絶対に書かないような事柄が記されている。半ば冗談とはいえ、「前生」は犬であったと彼は記している。それゆえ「人間の皮をかぶった」現世においても、彼は無類の犬好きであると言うのだ。輪廻思想が日本で広く受け入れられてきたことが、この一文からわかるだけでなく、仏教とキリスト教の間に横たわるギャップが軽々と飛び越えられている爽快感を感じ取ることもできる。

「人間と動物を同等に見るのは、進化論と輪廻思想だけですね」という佐々木先生の言葉（第5章）を、ここで思い起こしてもよいだろう。人間が人間中心主義となるのは避けがたいが、過剰な人間中心主義は地球環境の持続性や多様性を損ない、結果的に、人類そのものの存続を危うくする。この因果を理解し、現在世代だけでなく将来世代の「苦」を少しでも減らすためには、人間中心主義を相対化し、抑制することができるチャンネルは多い方がよい。進化論と輪廻思想は、その一部を共に担うことができるだろう。その際、輪廻思想は科学の視点から、特に進化生物学や生物多様性の視点から、大胆に解釈し直す余地がある。科学的世界観と宗教的世界観は対立するばかりではないはずである。

近代になって発展した西洋の宗教学では、デュルケームやエリアーデらに代表されるように、人間と動物を分けるものとして「宗教」を規定した。宗教の起源を「動物性」の終わりに求めたのである。確かに、人間には他の動物にはない特性がある。しかし、近年、遺伝学、霊長類学、考古学、社会人類学、進化生物学などによる人間の起源の探求は、多くの部分において、人間と動物の根本的な差異より、むしろ両者の連続性を明らかにしてきた。このような科学的知見の助けを借りながら、我々は人間を広く他の生物との相互関係において洞察する必要がある。

仏教とキリスト教の間から見える未来世界

本書全体を通じて、仏教とキリスト教を比較しながら、その人間観・世界観の違いや、救いに対する理解の違いを見てきた。今日では、紛争やテロなどが、宗教に関係づけられて頻繁に報道されるので、宗教が意見の不一致や、暴力・憎悪の原因であるかのように受けとられることも少なくない。実際、宗教リテラシーが大きく欠けていると、宗教の多面性や変化の側面に注意が向けられることなく、単純化された宗教のイメージが再生産され続けることになる。それを防ぐためには、宗教を複眼的に見る視点が重要であり、本書では、その視座に仏教とキリスト教を据えてきたのである。

宗教を広く理解すれば、「序章」で紹介されていたように、共産主義、資本主義、国民主義、人間至上主義といったイデオロギーをも宗教と見なすことができる。これらを仏教やキリスト教と同列に並べることができないとすれば、これらを「疑似宗教」と呼んでもよい。いずれにしても、これらの中に宗教的機能を見出すことは困難ではない。つまり、宗教とは何かを学び、考えることによって、広く人間の営みの中に宗教的な傾向性を見出し、それを適切に分析・批評することも可能となるのである。

佐々木先生との対談を通じて、仏教とキリスト教の違いがいっそう鮮明になったが、それは、異なる世界に足を踏み入れる興奮を伴っていた。仏教とキリスト教、それぞれが持つ世界観や人間観をスコープとして、過去の歴史を知るだけでなく、未来世界をも垣間見るような冒険的時間を共有できたのは幸いなことであった。

【著者】

佐々木閑（ささき しずか）

1956年福井県生まれ。京都大学工学部工業化学科、文学部哲学科卒業。同大学大学院文学研究科博士課程満期退学。博士（文学）。インド仏教学者。現在、花園大学教授。文学部長、図書館長。著書に『出家とはなにか』『インド仏教変移論』（いずれも大蔵出版）、『出家的人生のすすめ』（集英社新書）、『ブッダ 真理のことば』『ゴータマは、いかにしてブッダとなったのか』『般若心経』『ブッダ 最期のことば』『大乗仏教』（いずれもNHK出版）、『ネットカルマ』（角川新書）、共著に『真理の探究——仏教と宇宙物理学の対話』（幻冬舎新書）、『ごまかさない仏教』（新潮選書）などがある。

小原克博（こはら かつひろ）

1965年大阪生まれ。同志社大学大学院神学研究科博士課程修了。博士（神学）。キリスト教神学者・宗教学者。現在、同志社大学教授。神学部長、良心学研究センター長。著書に『世界を読み解く「宗教」入門』（日本実業出版社）、『一神教とは何か』（平凡社新書）、『宗教のポリティクス』（晃洋書房）、『神のドラマトゥルギー』（教文館）、共著に『人類の起源、宗教の誕生』（平凡社新書）、『良心学入門』（岩波書店）、『原理主義から世界の動きが見える』（PHP新書）などがある。

平　凡　社　新　書　９　３　９

宗教は現代人を救えるか
仏教の視点、キリスト教の思考

発行日――2020年４月15日　初版第１刷

著者――佐々木閑、小原克博

発行者――下中美都

発行所――株式会社平凡社
東京都千代田区神田神保町3-29　〒101-0051
電話　東京（03）3230-6580［編集］
東京（03）3230-6573［営業］
振替　00180-0-29639

印刷・製本―株式会社東京印書館

装丁――菊地信義

© SASAKI Shizuka, KOHARA Katsuhiro 2020 Printed in Japan
ISBN978-4-582-85939-3
NDC 分類番号160　新書判（17.2cm）　総ページ224
平凡社ホームページ　https://www.heibonsha.co.jp/

落丁・乱丁本のお取り替えは小社読者サービス係まで
直接お送りください（送料は小社で負担いたします）。

平凡社新書　好評既刊！

693 **アメリカで仏教を学ぶ** 室謙二
アメリカで仏教の面白さを知った著者による、ユニークな入門書！

748 **一遍と時衆の謎** 時宗史を読み解く 桜井哲夫
日本中世史の巨大な存在でありながら、なお謎多き宗教者たちの全体像を解明。

865 **一神教とは何か** キリスト教、ユダヤ教、イスラームを知るために 小原克博
唯一神を信じるとはどういうことか。世界人口の過半を占める３つの宗教を知る。

907 **教皇フランシスコ** 南の世界から 乗《よつのや》浩子
南半球からの初の教皇は、なぜ生まれたのか。なにをしようとしているのか。

913 **人類の起源、宗教の誕生** ホモ・サピエンスの「信じる心」が生まれたとき 山極寿一 小原克博
霊長類学者と宗教学者が闘わせる最新の議論。人類史における宗教の存在に迫る。

924 **日本人は本当に無宗教なのか** 礫川全次
日本人は「無宗教」と言われるが、本当にそうか。日本人の宗教意識を読み解く。

927 **今を生きるための仏教100話** 植木雅俊
ブッダは何を問いかけたのか!?　考えるヒントに満ちた思想としての仏教入門。

933 **南方熊楠と宮沢賢治** 日本的スピリチュアリティの系譜 鎌田東二
異なる場所・手法と立場で日本の霊性を探求した知の二大巨星を比較対照する。

新刊、書評等のニュース、全点の目次まで入った詳細目録、オンラインショップなど充実の平凡社新書ホームページを開設しています。平凡社ホームページ https://www.heibonsha.co.jp/ からお入りください。